Think Like
a Finance Scholar

ファイナンス学者の思考法

どこまで理屈で仕事ができるか？

大阪公立大学大学院教授
宮川壽夫

ダイヤモンド社

ファイナンス学者の思考法［目次］

第2話 オールを握ることはこうして始まった

サイドストーリー①
——理由は聞くな、本を読め！……89

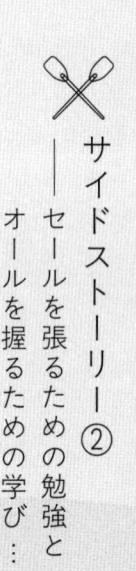

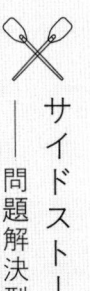

第6話

プロローグ

みなさん、こんにちは。著者の宮川壽夫です。このたびは本書を手に取っていただきありがとうございます。本書は少しだけ学術的な香りもするけど親しみやすく、少しだけ理屈っぽいけど読みやすく、少しだけ話がクドイけどリズムがよく、そして読んだ後には爽やかな勇気が湧いてくるような、そういう楽しい読み物になることを目指して苦しんで書き上げました。

本書はかなり欲張って幅広い読者層を想定しています。たとえば、ビジネスの世界で「本当にこれでいいのかな」と日々なんとなく疑問や問題意識を感じつつも「ま、こんなものか」と納得しながら目の前の仕事に追われている若手、中堅、ベテランの幅広い年齢層の社会人、あるいは孤独と闘う企業経営者、はたまた「毎日がなんとなくあっという間に過ぎていくぜ」と焦燥感を抱きつつも単位の取得とレポートに余念がない大学生たち、もちろん暇つぶしに入った本屋で表紙を見てなんとなく直感的にレジへと向かった人、といった感じです。

「やらなければならないこと」と「やったほうがいいこと」の混同が起きている

さて、そういう本を書いた私はコーポレートファイナンス理論の実証研究を専門とする研究者です。私の経歴については巻末および「カバーの折り返しの部分」（ソデ）に淡々と記載されているとおりですが、大学の先生としてはかなり風変わりな経歴を持っています。社会に出てからほぼ30年近くをサラリーマンとして国内の投資銀行と米系のコンサルティングファームで過ごし、その経験を活かして現在の専門分野で大学の教員となったのは人間の盛りも超えた50歳になってからです。なんでまたそんなことになってしまったのか、そのカラフルなプロセスをビジネスの現場にいらっしゃる社会人や大学生が追体験してなにか意義のある発見ができるような唯一無二の本を作りたいというのが、ダイヤモンド社の横田編集長からいただいた神をも畏れぬ大胆な提案でした。とてもじゃないけどそんなエラそうな本を書くような身分じゃないよと私は当初激しく躊躇したのですが、このコンセプトは私が常日ごろ感じていた問題意識とわりと親和性が高くて、ダイヤモンドオンラインなどでコラムを執筆しながら徐々に本書のアイデアを固めていきました。その問題意識とは次のようなものです。

今世紀に入って日経平均株価がついにバブル期の高値を更新したことは慶賀すべきと思うものの、日本企業の経営現場をミクロ的に見ると、ここ数年わりと受難の時代を迎えているように思います。日本企業といえば、かつて私の仕事の現場でもあったし、現在は私の専門分野であるファイナンス理論においては重要な研究対象です。私が言うところの受難はただ単にこれまで芳しくない業績が長く継続してきたという表面的な事実ではなく、純粋な事業以外のさまざまなテーマを企業が常に突きつけられ、経営者として、あるいはそこに働く従業員としてとてつもなく広い範囲のことを考えなければならなくなっている現状です。

かつて昔は株主価値の拡大などと言われたことはなかったし、株主の利益だけではなくステークホルダー全体の利益が重要だなどとだれかに言われたこともなければ、ガバナンスとか環境問題とか人権問題とか、まったく考えたことがなかったとは言いませんが、多くの企業は深く考えることなく事業を行ってきました。工場からどれくらいのCO_2が排出されているかを調査する必要もなければ、女性管理職の比率や育休の取得率を公表する必要もなかったし、株主総会で取締役選任議案の賛成率が気になることもかつてはあまりありませんでした。挙げればきりがないのですが、個別の企業にとって目先の事業以外のタスクがなにしろ大変です。そんなに仕事量が増えているのに残業はできないし、休暇の取得は増えるし、おまけに人手不足です。これでは日本企業の利益率が改善しないのも無理はないような気がします。

ＥＳＧもコンプライアンスも、もちろんどれもが経営には大事なことなのですが、考えさせられることは、いずれの問題も企業にとって第三者から突きつけられることがほとんどで、企業自身の問題意識や取り組みとして企業内部から創発的に提起されたものではないという点です。しかも、それらのテーマは常に企業の外からタテ割りで突きつけられる上、テーマごとに過度に専門化、先鋭化していき、ついには全体像が見えなくなっています。企業はもはや一つひとつのテーマにゲリラ的に受け身で個別の対応を考えざるを得ず、月並みで非文学的ストックフレーズではありますが、いわゆる手段が目的化しているのが現状です。

さらに、外部から突きつけられる指摘には往々にして「欧米の企業に比べて日本企業の平均ＲＯＥ（自己資本当期純利益率）が低い」とか「日本のジェンダー指数はグローバルで見ると経済分野では最下位に近い」といったように、常に参照点が欧米の平均値やグローバルの水準といった社外の不明瞭なところに置かれているため、根本的な問題解決のアクションに結びつきません。単純化した数値によって比較されたり、ランク付けされ、第三者の外圧はだれもが抵抗できない強迫性すら帯びていきます。もちろん要求されるタスクはいずれも正当なものですが、企業にとって「やらなければならないこと」と「やったほうがいいこと」の区別と優先順位はつかなくなっています。とりあえず周りの風向きを見ながら受動的な行動をするしかありません。

「セール（帆）を張る」か、「オール（櫂）を握る」か？

たとえば、目標とする経営指標を決めて経営計画を策定することを考えてみます（現実に上場企業は東京証券取引所からそのような経営計画の開示を行うことが推奨されています）。こういうとき多くの企業はまず他社がどうしているのかという情報によって行動の初期設定を行おうとします。同業他社はなにを指標にしているのか、当社と同規模の企業はどうしているのか、そういう情報を収集してどうやらROEなり、ROIC（投下資本利益率）なりがスタンダードのようだと判断します。次に、では一体どれくらいの水準が目標としてふさわしいのか、これまた個別企業の平均や産業平均などのデータを収集し、だいたいROE8％は最低ラインのようだと判断して経営計画を考えるといった具合です。周囲の情報やデータを集めて現状を分析することはたしかに大切なことですし、なにより効率的です。

しかし一方で、他社の動向ではなく、自社を出発点として次のような問題意識から始める方法があるはずです。そもそも一体なんのために経営計画を立てるんだろう？　経営計画って当社にとって本当に必要なのだろうか？　そもそも財務指標って、一体なにを意味するものなのだろう？　仮にROE8％を3年後に達成したとして、それで当社はなにがどう変わるんだろう？　こういうそもそものところからものごとを深く考え始めることは（きっとそういう企業は今ほとんどないとは思いますが）、必要なことだと思います。

本書では前者の周囲の状況を見ることから考え始める発想を「セール（帆《ほ》）を張る」発想と呼び、後者の根本的なところから考え始める発想を「オール（櫂《かい》）を握る」発想と呼ぶことにしています。セールを張る発想は、どこへ向かうかはとりあえず、風を読み、つまり周囲の動きを察知して、その動きに乗るための「作業」というイメージです。あまり深く考えることなく、周囲のノリに合わせて、効率的な推進力を発揮します。コツは抵抗しないこと、走りながら考えることです。それに対して後者のオールを握る発想は、どこへ向かうかを自ら決めて、その方向に自らの意思で進んでいく「探究」のイメージです。ときどき自らの位置と目標を確認するために一旦立ち止まる必要があります。抵抗せずにノリだけで前に進むわけにはいきません。

周りを見ながらそれに合わせて自分の行動を選択する発想と、自分の行動を自分の考えで決める発想という抽象的な非対称性にあえてセールとオールという表現を使います。もちろんセールだって自分で行き先を決めて自分で向かう航法だとは思いますが（きっとヨット部の方からは「ヨットこそ自分の考えで自由に走るもんだ」と怒られそうですが、お許しください）、わかりやすいレトリックとして使うものなので必ずしも明確に定義付けられているわけではありません。これからもう少しお話ししますが、読み進めていくうちに読者のみなさんが「これってセールだな」とか「これはオールだぞ」というように身近な行動で具体化していって一向に構いません。

実は、私の専門分野であるコーポレートファイナンス理論は、ともするとセール的な発想で実務に応用されがちな学問分野です。たとえば、コーポレートファイナンス理論では企業価値という複雑な概念をどのように理解するかがひとつの大きなテーマなのですが、多くの人は決められた公式を覚えて、与えられた変数の解を求める表面的なトレーニングを積めば企業価値を拡大する方法が身につく、つまり、教科書のなかに風の読み方とセールの張り方が書いてあって、それを覚えれば海の上をスイスイ走れると誤解します。実際30年以上も前の話ですが、私が証券アナリスト試験の受験対策として「コーポレートファイナンス」を初めて勉強したときは少なくともそう思っていました。しかし、ずいぶん身勝手なものでして、ファイナンス学者になった今、そういう誤解を解いてこの学問の深さとおもしろさを語りたくて、私は2年ほど前に『新解釈　コーポレートファイナンス理論――「企業価値を拡大すべき」って本当ですか？』というチャレンジングな本を出版しました。

ファイナンス理論の科学的な厳密性やエレガントさは、企業と市場との関りという複雑さを一旦数式という抽象的な表現に落とし込んでしまうところにあります。これはモデル化といって複雑な現実を単純化する手法です。しかし、モデル式に表現されている概念の根底には複雑だけど明確な因果関係が存在します。その結果はなにを原因としているのか、その主張はなにを根拠としているのか、ファイナンス理論は企業価値にまつわる原因と結果を結びつける根本的な理屈の体系です。理屈とは「だからこうなる」というものごとの筋道や道理のことです。

現在の私がいる科学の世界では、このように因果関係に着目し、ある原因でその結果が起きているという法則を突き止め、その法則に客観性を与えることを「検証」と呼び、その法則が正しいと認められたものを一般的に「理論」と呼びます。ファイナンス理論に限らないことですが、この根本的な理論がわかるとたちまち自由を感じます。根本的な理論を知らずに公式に数値を代入する「作業」には自分の裁量がありませんが、その背景にある理論に触れれば自分で変数がなにかを「探究」することが可能になります。「だからこうしよう」というように自分のやり方で進むことができます。これがオールを握る発想です。

セールを張れば、周囲のノリに合わせてみんなと一緒に同じ方向へ進むことになります。行きつく場所は（それがどこかはわかりませんけど）結局みんな一緒です。みんなと一緒であることに安心感を覚える人は不自由さを感じませんが、そういう人でも一度オールを握ることを知れば今までの自分がいかに不自由だったかに気がつきます。

──しょせん最後は、意気と度胸と勘の勝負

セールを張るためには、どの方向にどれくらいの強さの風が吹いているか、具体的

で実践的で単純な「情報」が必要ですが、オールを握るために必要なのは情報ではなくて、抽象的で理論的で複雑な「思考」です。セールを張る発想は、決まったフレームワークのなかで与えられた変数にふさわしい解を求めることを意味しますが、オールを握る発想は、そもそもフレームワークがなく、自分で変数を考えなければならないことを意味します。セールを張る行為は外部要因に影響を受けるので向かう先は自分自身でコントロールできませんが、オールを握る行為はどちらに進むかを自分で決めることができます。

セールを張ることとオールを握ることのどちらがいいとか悪いとかの話ではありません。ビジネスにはセールを張る発想とオ

セールを張る	オールを握る
●具体的で実践的	●抽象的で理論的
●単純化	●複雑化
●外発的	●内発的
●アンコントローラブル	●コントローラブル
●効率重視	●効率無視
●与えられた変数を求める	●なにが変数かは自分で探す
●比較対象を探す・相対的で客観的	●比較対象がない・絶対的で主観的
●広がる・発散する	●深まる・集中する
●どちらかと言えば作業が大事	●どちらかと言えば探究が大事
●走りながら考える	●立ち止まって考える

ールを握る発想の両方が必要です。ただし、本書はセールを張ることだけでものごとが済んでいる時代に、オールを握ることの重要性を中心にお話を進めます。オールを握るためには、周囲のノリに疑問の目を向け、深いところにある理論を探り、「だからこうしよう」「だからこっちへ行こう」という意思を固めなければなりません。

どのようにして懐疑の目を向け、どのようにして理論に触れて、自分だけの「だからこっちへ行こう」を作るのか、それはこれからお話しする「科学的な思考プロセス」を知ればまったくもってむずかしいことでもなんでもないというのが本書の大きなメッセージの一つです。

今のビジネス界を見ていると、実践が理論に先行し、呑み込みが咀嚼に先行し、秩序化が例外性に先行し、そしてセールがオールに先行している気がします。それが間違っているとは必ずしも言えないのですが、そういう過度な流動性をできることなら黙殺し、淡々とオールを握って自分の海路を進む部分がビジネス界に限らず世の中にはある程度必要だと思います。

本書はセールを張る発想とオールを握る発想という対照的なメタファーをタテ糸にして、そこに「科学的な思考プロセス」というヨコ糸を織り込んでいきます。科学の視点からセールとオールという現実を対比することによってなにかものごとをうまく説明できるんじゃないか、これまで見えていなかったものが見えるんじゃないか、というのが本書のチャレンジです。

そのために「なにを考えるか」ではなく、あくまで「どのようにして考えるか」について、私の専門分野であるファイナンス理論をモチーフにしながらもう少し幅広い分野を検討します。だから、「ファイナンスの思考法」と言っても、それは本書独自の思考法であって、世間一般にファイナンス学者はこういう思考法を持っているんだよということを語る本ではありませんし、ファイナンス理論について説く本でもありません。テーマは自分だけの「だからこっちへ行こう」を決めてオールを握るために科学的な思考プロセスを活用することにあります。

ただし、オールを握って自分が決めた方向に漕ぎ出しても、それが本当に正しいかどうかはもちろんわかりません。オールを握った以上たとえ科学的な思考プロセスをたどっていても、きっと最後は「意気と度胸と勘」の勝負です。しかし、「意気と度胸と勘」に依存するまでの段階で用心深く詰めておくべき事柄があります。それはわりと普遍的なもので、実はどの業界のだれにでもできることです。

「意気と度胸と勘」の勝負に持ち込むまでにやるべきこと、そういう種明かしを段階的に行っていきます。つまり、本書で言うところの「意気と度胸と勘」の勝負とは、ただ単に「いきあたりばったり」の勝負をしているわけではなくて、実際には意図的ななにかに導かれているプロセスであることを意味します。本書がやろうとしていることは、オールを握ったみなさんが、ここから先は「意気と度胸と勘」に頼らなければならないぞという境界に引く線を飛躍的に前に進めることです。

ビジネスの現場で「意気と度胸と勘」のみに頼って私のようにノリで生きてきたビジネスパーソンの方々、逆に「意気と度胸と勘」に踏み切れないまま慎重な生き方をされているビジネスパーソンや大学生の皆さんに楽しんでいただきたい本です。また、働きながら勉強している方、これから勉強したいなあと思っている方、あるいは世の中に流されず自分でものごとをきちんと考えたいなという問題意識をお持ちの方、そういう方にはうってつけの本になります。

本書の構成とあらまし

セールの発想とオールの発想という表現でとらえたビジネスの世界の問題意識を、ファイナンス学者として科学の世界から見つめ直したとき、ビジネスに科学的な思考法を活用する余地が大きいことに気づきます。そこで、その活用の仕方を私なりに悩んだ「科学ってなに？」という基本からお話を始めます。科学が持つ独特のおもしろさと偉大さ、同時にその限界と危険性、そして科学が生んだ理論とわれわれがどう向かい合うべきかを知ったとき、目の前の仕事に対する読者のみなさんの見え方が変わるのではないかと思っています。

さて、本書がこれからご案内するこの旅の大まかなガイドマップをお見せしましょう。

このあとの第1話では、私が大学院を経て科学の世界に入るまでの物語をまずお話しします。ここでのドタバタ劇は、理由のない焦燥を日々感じながら一生懸命に生きているみなさんにとって明るい勇気になることを願いながら書きました。

第2話では、オールを握る発想がどのあたりを淵源にしているのか、それを明らかにします。とくにみなさんが勉強する対象として関心を寄せる経営学や経済学はそもそもなにを目的にした学問で、学問体系はどのようにしてでき上がったのかについて考えます。

第3話からは思考法のお話になります。科学的にものごとを考えるとは一体どういうことでしょうか。原因と結果、主張と根拠、これをきちんと分けて話をするとたちまち科学的になります。

そして第4話では、因果関係の道すじを作るための道具について論理学の知見を用いたお話をします。この基本を押さえると自分が持っている知識のピースをどのようにしてジグゾーパズルに当てはめるか、そのコツをつかむことになります。

ところが、第5話では思考のプロセスが正しくても実は必ずしも正しい答えが得られないというジレンマについてお話をします。われわれは原因と結果を取り違えるという日常的な思考のクセを持っています。そのクセを克服するためのヒントを提供します。

第6話ではそこからもう一段ギアを上げます。ここまで因果関係の重要性を強調しますが、しかし、因果関係を実証することはおろか、因果関係という概念そのものの存在すら実は自明ではないという議論を紹介します。オールを握ることのむずかしさを改めて考えます。

最終話となる第7話では、「意気と度胸と勘」の勝負、ひらめきと直感にまつわる幻想を科学します。科学性と対極にあるように見えるアイデアの幸運なひらめきや直感がどこからどうやって来るのかが最後のテーマです。

以上の7話に加えて5つのサイドストーリーを随所に散りばめました。サイドストーリーは本編の道すじからやや離れる話題なのでこのような形にしましたが、とくにビジネスパーソンに向けたメッセージがこめられています。

本書は、私が大学のゼミで行う「科学的思考論」という講義と企業向けの研修や経営者セミナーなどの講座で披露してきたネタをベースに本にしたものです（内容には文部科学省科学研究費補助金・基盤研究費C（21K01561）の助成を受けて行った研究の一部も含まれています）。これらの講座では受講生のみなさんが新たな知識を習得することよりも、わずかなことに気がつくかどうかだけでものの見え方や考え方に大きな変化が起きるという手ごたえを感じています。

読み終わられたころ、みなさんの身辺にどのような変化が起きているか、とても楽しみです。明日からの仕事が少しだけ楽しくなることを願っています。では、またエピローグでお会いしましょう。

第1話

セールを張ってばかりの世界からオールを握る世界へ

——博士課程のプレリュード

「なんで大学の先生になったんですか？」

学生はもちろん昔の先輩後輩や同僚などの社会人からも、私は人一倍多くこの質問を受ける大学の先生かもしれません。

この質問は、

「多くの職業の中からなぜ大学の先生を選んだんですか？」

という趣旨では決してありません。

「証券マンだった人がどこでどう間違って大学の先生なんかになっちゃったんですか？」

という、私が大学の先生になった経緯に関する興味によって発せられる質問です。

疑問に思われるのはたしかにそのとおりでして、私は大学4年生のとき普通に就職活動をして、普通に野村證券という会社に入社し、当時入社した「四大卒総合職」と呼ばれる新入社員200名の中に普通に紛れていました。そして、その200名のほとんどが入社式の翌日即座に地方の営業店に送り出されたのと同様、私は普通に岡山支店に赴任するため東京駅6時00分発の新幹線に乗せられました。

その後数年経つとまた行ったこともない別の支店や部署への異動を繰り返すサラリーマン転勤族としての宿命的な人生のあり方を、私は他の同期生と同じように、むしろワクワクしながら積極的に受け容れていました。入社して3年が経ったころ予想どおり岡山から京都へ転勤し、京都で3年あまりを過ごすと次には都内の大規模店に異動。そして、この間にわずかに運がよくて海外に留学し、さらにもっと運がよくて支店の次には本社の事業法人一部という当時は花形の投資銀行部門に紛れ込みました(言いにくいことですが、正直に言ってしまうと、当時の営業マンとしての典型的なエリートコースを走っていました)。

やがて40歳を手前にした働き盛りを迎えたころ、その時期の会社員はだいたいちょっとした迷いを感じるものです。というのも60歳を定年とすれば40歳はちょうど折り返し地点であり、これから差しかかる復路をどのような走り方で臨むべきかふと考えることになります。仕事も体も常に絶好調だった私も、やはり同じようにふとしたその考えを繰り返し、当時は同期入社の友人たちが集まって飲むといつも決まってそういう話題になっていました。

私の場合、証券業務で言えばブローカレッジ（営業）とアンダーライティング（引受）の両方の仕事を知ったばかりか、会社のお金を使って海外で勉強し、野村證券のおかげで実に幅広い経験をしながら比較的日の当たる往路を走らせてもらいました。しかし一方で、この豊かな経験はまるでコレステロールを気にしている人が食パンにバターを塗るように、まんべんなく幅広く、そして若さゆえにごく薄いものでもありました。むしろ木村屋のアンパンのようにもっとボテッとした持ち重りのするような仕事を、狭い範囲でいいから専門的に深めたいと思うようになっていました。

そんな復路への思いを馳せていたちょうどそのころに、あろうことか当時世界最大の金融情報ベンダーと言われた米国のトムソンファイナンシャル（現在のトムソン・ロイター）からシニアディレクターへのオファーを受けました。サーチファームを通じて唐突に舞い込んだそのお話は、トムソングループが買収したコンサルティング事業をアジアで展開するのでそのヘッドに来ないかというものでした。実は私は以前からトムソンファイナンシャルが保有するデータベースがどういうものなのかをある程度知っており、もしそのデータを活用できれば自分が持っているアイデアを資本市場のビジネスとして実現できると密かに考えていました。ですから、まさにもっけの幸いとばかりに深く考えることもなくそのオファーに飛びつきました。ちょうど40歳でした。

大きな傘の中から外へ飛び出す無謀な勇気

野村證券の投資銀行部門という部署は改めてスゴイところでして、朝ボサーッとして会社に行けばなんの苦労もなく世の中の最先端の情報をタダで手に入れることができます。その情報は常にメディアのニュースよりもはるかに早く、はるかに深く、そしてはるかに正確でした。新聞記事を読みながら「まー、間違ってるとは言わないけど、あんまり事情をよく理解できないまま書かれた記事なんだろうなあ」とか、専門家と言われる人たちの解説をテレビで聴きながら「やっぱ大学の先生ってなにもわかってないんだなあ」などと余裕の批評ができるほど、世の中の一歩も二歩も先を走っていました（少なくともそういう気になっていました）。自分の知らないことがあれば内線電話を一本するだけでどんなことでもだれかが教えてくれるし、困ったことがあれば的確なアドバイスをくれる優秀な上司や先輩が周りにはごろごろいました。

野村證券という大きな傘の中から外へ出ることは、そういう恵まれた環境の一切を捨てて、自分一人で風雨を凌がなければならないことを意味します。トムソンファイナンシャルに移籍してからは朝の目覚め方がすっかり変わりました。「さあ、なんでも自分で考えて自由にやれるぞ。今日は一体オレにどんな幸運が訪れるのだろう？」と元気よく目が覚める朝があるかと思えば、その翌朝には「ひょっとしたらオレってえらいことしちゃったんじゃないか？　これから子供たちは高校に入る時期だというのに本当にこの会社で生きていけるんだろうか？」と不安でベッドから起き上がることができない朝が訪れる、といった希望と不安の朝を交互に迎える日々でした。

もしや自分は間違った部屋のドアを開けて入ってしまったのではないだろうか。しかも入ってきたドアはすでに固く閉ざされてもはや引き返すことはできない。そういう不安をかき消すためにはとにかく仕事をするしかないのですが、それでも毎日わずかでもなにか一歩前に進んでいないと再びその不安がモクモクと足元から立ち上ってきます。なかばその恐怖と戦うことを目的としたかのように、ふと社会人大学院に進学するというアイデアを思いつきました。

私を大学院へと掻き立てた最大のパワーは、とにかく勉強したいという純粋な衝動でした。野村にいたころと違って、自分自身で情報を獲得し、知識を得、それを正しく理解してビジネスに結びつけるには、この際基本から改めて勉強しなければ太刀打ちできないのではないかという焦燥感に駆られていました。人からチョロっと聞きかじった話をあたかも自分が10年前から知っていたように人前で披露する。そんなことを大得意としているようでは、チームの長としてこの先やっていけるはずがないという不安は、野村を辞めて初めて感じたことです。つまり、そのころはまだ気がついていませんでしたが、セール（帆）を張っているばかりでオール（櫂）を握っていない自分にうすら寒さを感じていたわけです。だから、勉強さえしていればなにか一歩でも前に進んでいるような錯覚がして、当時はやたらと専門書を読んでみたり、通信教育を受けてみたりと、仕事のかたわら手当たり次第の勉強に時間を費やしていました。こんなに勉強するなら大学院に行ったほうがいいんじゃないかと考えるようになったわけです。

大学院進学の第二のパワーは修士論文を書きたいという目的でした。このころ私は新聞社から依頼を受けて月に一度くらいのペースでコラムを執筆していたのですが（当時は『日経金融新聞』というややマッチョなメディアを主体にコラムを書いていました）、文章を書くのが大好きだった半面で、我流ではなくてもっときちんとした文章を書いてみたいという歯がゆさと、できることなら自分が携わってきたビジネスに関してまともな手続きを踏んだ研究を行い、正式な論文として残したいという思いを持っていました。それが不安定な今の自分にとって生きた証になるような気がしていました。

第三には野村證券を辞めただけの価値がある経験をしたいという思いでした。野村にいたら大学院に通うという選択肢が自分の人生に現れることはなかったと思います。幸いにしてトムソンでの立場は大学院に通うことをだれかに咎められるようなポジションではなかったことも後押ししました。

いろいろな社会人大学院のパンフレットを取り寄せ、各校の歴史や理念、カリキュラムや提供科目はもちろん、教員一人ひとりのプロフィールから修士論文のテーマに至るまで、ネット情報も活用しながら自分が求める大学院を慎重に考えた結果、筑波大学大学院を目指すことに決めました。キャンパスは茗荷谷《みょうがだに》にあったので平日は会社の帰りに通えるし、自宅からもそう遠くはありません。さっそく入試対策を始めたのですが、ところが、筑波大学の競争率は毎年6倍を超える狭き門であることがわかりました。

「なるほど、ま、そういうもんだな。これじゃ自分が合格するわけがない。大学院なんてしょせんは自分のような人間とは無縁の場所だったんだよな」

そう思ってあきらめていたのですが、奇跡的に潜り込むことができました。そのとき年齢はすでに45歳に差しかかっていました。

――理論の塊のような師匠との邂逅《かいこう》

仕事をしながら修士学位[*1]を取得する生活は予想をはるかに超えて過酷なものでした。修士論文を書くためには同時に課程を修了するための単位を取得しなければなり

*1 一般に修士号を取得する課程を博士前期課程(標準的修業年限は2年)、博士号を取得する課程を博士後期課程（標準的修業年限は3年）といいますが、以下本書ではそれぞれ修士課程と博士課程と呼びます。また、博士後期課程に進学し、所定の単位を取得したうえで博士論文の審査に合格した場合に授与される学位を課程博士といい、課程への在籍にかかわらず博士論文のみ提出して審査に合格することで授与される学位を論文博士（いわゆる「ろんぱく」）といいます。論文博士は日本独自の学位と言われています。私の場合は2年で博士前期課程を修了し、3年で博士後期課程を修了したと同時に博士論文に合格したので課程博士になります。

ません。平日の仕事を終えて夕方18時45分から始まる講義に出席するのも大変でしたが、なによりその講義に課せられる半端ではない膨大な予習復習は、平日深夜までの貴重なくつろぎの時間と土日の穏やかな休みを容赦なく奪いました。

とくにファイルがパンパンになるほどの量のリーディングを課せられる予習は、とてもじゃないけど普通の45歳を過ぎた平和なオジサンの生活を続けていくことを断念させるには十分でした。予習をするために机に向かっても「なんだか今日は勉強にイマイチ気持ちが乗らないなあ」などともしも思おうものなら、それは次の講義への出席をギブアップすることを意味しました。

平日2コマの講義をこなすと終了時刻は21時30分のはずですが、たとえば戦略論の講義では毎週1本目の論文の討論だけで盛り上がると軽く22時を回ってしまい、さあ、これからあと2本の論文の討論だねということになります。最後は終電がなくなるので仕方なく終わるかというありさまなのですが、われわれ社会人学生もがんばっていたけどなにより今の立場になって振り返ると「あの先生、よくやってたなあ」と感心してしまいます。

集まってきた社会人大学院生もみんな一流の大学を卒業して一流の企業に勤める優秀な学生ばかりでした。それだけでなく、教室にいたわれわれはだれもが勉強がしたくてしたくて、まるで真冬の枯れ葉のようにカラカラに乾ききっており、教員たちが少しでも火を近づけようものならメラメラといとも簡単に燃えさかる危険な状態にありました。

そういう私に火を近づけたのは伊藤彰敏先生（筑波大学、一橋大学を経て現在は南山大学教授）でした。最初からコーポレートファイナンスの分野を志していた私は迷うことなく伊藤先生の研究室に入って修士論文を執筆することになりました。社会人向け大学院は実践的というイメージがあるかもしれませんが、私が師匠から学んだことは「実践！ これならわかる企業価値計算」というようなシロモノではなく、徹底して基礎理論にこだわる地道な思考に終始することでした。私はすでにいやというほど実務を経験していたし、（言っちゃ悪いですけど）いまさら実践力をつけようなどと思って大学院に進学したわけではありません。とにかく理論漬けになることが、今にして思えばですが、自分だけのオールを握ることを意味しており、同時にそれが、私の目的でした。そういう点で筑波は私にぴったりの場所でした。

実践ばかりで理論のない弟子は、期待したとおり理論の塊のような師匠との邂逅を遂げ、そこに神の存在を感じました。私のビジネスでの経験を師匠はつぶさに聞きながら「ふーむ、なるほど～」と興味深げに思案すると、やがて「それは要するにこういうことですか」とファイナンスの既存理論を使ってサクサクと説明していきます。自分がビジネスの世界で疑問に思っていたことが、アカデミアの世界ではすでにこのようにして理論的に説明されていたのか、そう気づくたびに師匠の研究室は私の目からボロボロと落ちるウロコが積み上がって生臭くなっていくほどでした。ビジネスの実務に興味を持つ理論家の師匠と理論にこだわりたい実務家の弟子から始まった名コンビは、今では同業者となったものの変わらぬ断金の師弟関係が保たれています。

師匠の指導方針は明確でした。第一に論理を構成する筋道に間違いはないか徹底的にこだわること、第二にクリティカルな（批判的な）視点で先行研究を読むこと、第三にそのようにして揺るぎない仮説を作り上げるまでは安易にデータに手を出さないこと、でした。

それはそれでたしかに大事なことだし、その指導のおかげで現在の私にはすっかり身についた基本動作ではあるのですが、当時の私にはそもそものレベルに行く前に英語と数学が大きなハードルになっていました。まず膨大な量の英語論文を読まなければならないのですが、それは時間さえかければなんとか誤魔化せたとしても、なにしろ学部時代はバリバリの私立文系だった私にとって実証研究に必要な高等数学を理解することはもはや逃げおおすことのできない大問題でした。まごまごしている私をどんどん取り残していく優秀な同級生の背中を遠くに見ながら、私は仕方なく45歳を過ぎて高校の数学の参考書を買い、もう一度あらためて微分方程式の基本から勉強するしかありませんでした。でも、コリコリと丹念にノートを数式で埋めていくうちに「あれっ？　オレって意外とこういうの得意なのかも」と、たまに自分の中にある数学的才能に改めて気がつくことがしばしばありましたが、それはいつも単なる錯覚でした。

平日は夜遅く仕事から自宅に帰ってきても食卓に向かう前に机に向かい、早起きして出勤前にまた机に向かい、土日も講義以外の時間は朝から晩まで図書館にこもる姿は、ちょうど大学受験に差しかかった長女の目から見ても、「受験生の自分より勉強してる異常なおとうさん」でした。少なくとも週に三度は平日に講義があり、その日はバタバタと仕事を終わらせ、18時を過ぎるとチームのみんなに「ごめんねー、あとよろしく！」と後ろめたい気持ちで会社を出て地下鉄に飛び乗ります。少し大げさな表現をお許しいただけるのであれば、毎日が無酸素運動のように息を止めながら前だけ見てダッシュしている状態、でした。ここはもうノリでいくしかないというあきらめと覚悟が自らを妙にハイな気分に追い込み、むしろイタ気持ちよくなっていきました。だから、冬の寒い夜11時ころ、講義が終わった帰り道にコートの襟で木枯らしを防ぎ

ながら大学院のキャンパスから茗荷谷の駅に向かうときなどは、

「ふっ、オレってなんだかがんばってるかもしれない……」

と言い知れぬ身勝手な自己満足に浸ります。

大事なのは「檻の中にいる」と自覚すること

当時そういうスパルタンな生活を送る私にとって、なにより勉強することの大きな意義を実感させる豊かで本質的な瞬間は、実は帰り道ではなくて筑波のキャンパスの正門をくぐるときでした。その正門にはあたかも工場に入るときのエアカーテンのようなものがあり、そこで世俗の見栄や恥や組織での肩書や仕事の誇りなど一切が払い落とされ、気流の膜によって正門の内と外が遮断されます。キャンパスの中に入った瞬間からそこは別の世界で、正門の外で起きたことをすべて忘れるだけでなく、そこからはもはやなにを考えても、なにを発言しても一切の責任を問われることのない自由を得ることができます。もちろん筑波に限らず、あるいは社会人大学院に限らず、大学のキャンパスというのはそういう自由が許される場所です。とくに働きながら学ぶ社会人大学院生にとって、学問をするというのはつまり自由を手に入れることだと痛感します。よく大学のモラトリアムという言葉がありますが、それはもともと学生がなにも責任を取ることなくただ深くじっくり学ぶ自由を得る期間という意味です。「自由がイヤでイヤで、自由を与えられることだけはなんとか勘弁してもらいたい」という方はほとんどいないと思いますけど、多くの方は「勉強することは自由を得るためだ」と言われても賛同されないと思います。勉強するというと、われわれはつい暗記重視型の詰め込み学習と偏差値による格付けという不自由さをイメージしてしまうからです。これが良くも悪くも周囲のノリに合わせてセールを張るだけの勉強につながっていきます。

ただし、ちょっと蛇足ではあるのですが、私は暗記重視型の詰め込み学習を否定するつもりはまったくありません。「こんなこと覚えても社会に出たら役に立たない」と勘違いしている若者が多いのですが、私の経験から言えば、実はビジネスの世界でも研究者の世界でも一気に暗記して詰め込む情報処理能力がしばしば求められます。だから、あらかじめ厳格な正解が存在していて、決められた手順を経て決められた時間内にその正解にたどり着く、それをなるべく早く多く繰り返すという訓練を若いうちに怠っていると、(私がそうでしたけど)わりと大きな代償を払うことになります。

問題は、暗記重視型の詰め込み学習からいつまでも抜け出せず、暗記した英単語の数や歴史年表のように、ひたすら知識の量を増やすことが勉強の目的になってしまうことです。そもそもビジネスの現場は高校生のときのように試験範囲が決められているわけではありません。たとえば筑波のような社会人大学院のレベルになると、教員にも学生にも知識は偏りながら点在していて、むしろ個人の知識の量自体にはそれほど大きな差がないことに気がつきます。必ずしも教員のほうが知識量が上なんてことはありません。しかし、差が出るのは既存の知識を自由に組み合わせて使うことができる独自の思考フレームワークです。それを手に入れるためには知識の奥底にある根本の理論が必要となります。これを持つと目の前の現実とは別の幅広い可能性を自由に考えることができます。あたかも広大な海の上でオールを握り、自分の意思で漕ぎ出すように。

論文を読んだり、伊藤先生とディスカッションをしたり、大学院で時間を過ごしているうちに私は自分がビジネスの世界でものを考える際にどれほど不自由していたかを徐々に感じるようになりました。それは決して知識が不足していたからではありません。風を受けるためのセールは前に進むには十分な大きさだったはずです。私が大学院の修士課程と博士課程の合計5年間で得たものは、これまで知らなかった新たな知識の量を増やしたことではなく、つまり大きなセールを手に入れたのではなく、自分が持っている限られた知識を駆使して自分の考えを自由に組み立て発展させていく可能性だったような気がします。

既存の知識体系――根本理論と言い換えてもいいかもしれません――それ自体は極めて厳格で自由な解釈などありません。しかし、それをどのように使うかにはなんの決まりも制約もありません。使う人の自由と責任に委ねられています。どの使い方が正しくて、どの使い方が間違っているとか、どれが優れていて、どれが劣っているとか、それはだれにもわかりません。時間の制約もありません。そのときはイマイチだと思っていても何年か経ったときにすごい効果が判明するかもしれません。時間がかかるほど深まることもあります。

いつの間にか自分の中にでき上がっているコンベンショナルな知識量の枠にとらわれている人は、学ぶことによって得られる自由をなかなか感じることができません。大学生を見ているともっと早くからそういう自由を感じる経験をすべきと思うのですが（そうなるよう私はかなりの努力をして丁寧に教えているつもりなのですが）、彼らはだれかが作った知識の檻の中にいることが安全で安心だと信じてなかなか逸脱を企てる発想がありません。そればかりか自分が檻の中にいることにすら気がつかないまま卒業していく学生諸君がほとんどです。檻の中で統制のとれた生活を送ってきた器用で規律正しい若者たちが毎年毎年大挙して社会に押し出されています。

私は学生諸君にも言っているのですが、大事なことは少なくとも自分が檻の中にいることを自覚することだと思います。檻の中にいることさえ知っておけば、いずれその中が安全で安心ではないことに気づく日がやってきます。そして、外に出る方法を自ら考えなければならないぞと思うようになります。しかし、檻の中にいることに気づかない人々は自分に危険が迫っていることにも気づきません。時間になると看守が運んで来る食事の中に実は微量の薬物が混入されていて、日に日に体力が失われていることに気がつかないまま残りわずかな生活を続けるしかありません（看守が食事を運んで来るのかどうかは経験がないのでわかりませんが）。

檻の中にいることに気づくことはあまりむずかしくありません。なにも私のように大学院に行かなければ気づけないわけではありません。私にとってたまたまそのきっかけが大学院にあったと自分で思っているだけのことで、どなたでもきっかけさえつかめば檻の外の広い世界が見えてきます。そのきっかけをつかむのがこの本です。

ただし、本書には檻の中にいることに気づくための答えがあるわけではありません。読者のみなさんは本書の中から自分なりの答えを見つけていくことになるでしょう。

なんとなく答えじゃないかと思うようなことを見つけてハッとした瞬間が本書の前半で早くも訪れる方がいるかもしれませんし、最後まで読んでようやくなるほどと思い当たる方もいるかもしれません。もしくは読み終わってもそのようなマジックモーメントの訪れを自覚できなかった方でも、その後の生活の中で「あ、ひょっとしてこのこと？」と気づいていただくことがあるのではないか、そういうことを願っている次第です。

喉もと過ぎれば熱さも忘れて

さて、この第一話を完結するために最初の問い——大学の教員になった経緯——に戻らなければなりません。ビジネスマンだった私はもともと学位それ自体に対してさほどの魅力を感じていませんでした。修士論文を書くことのみを目的にしていた私にとって、博士課程に進学するなどとは、大学院に入学した当初は思いもしなかったことです。しかし、2年間の修士課程にそろそろ目途がつきそうになったころには体がすっかりディシプリンな大学院生活に慣れきっていました。

喉もと過ぎれば熱さ忘れるという表現がこの場合のたとえに相応しいかどうかちょっと自信がありませんが、熱くて飲み込めずに口の中でハフハフさせていた修士課程の経験を一気にグイッと飲み込んでしまった次の瞬間にはその熱さをすっかり忘れてしまい、むしろ物足りなさすら感じるようになっていました。慣れというのは恐ろしいものです。なによりも私の研究テーマである企業の配当政策はなかなか奥が深く、一度その淵をのぞいてしまったが最後、中へ中へと引き寄せられる魅惑的な研究領域でした。ここはどうしてももう一歩突っ込んだ研究をしてみたい。恐る恐る伊藤先生にそのことを打ち明けました。先生の「いいじゃないですか。是非いっしょにやりましょうよ！」という朗らかにして無責任な励ましが何よりも私の背中を押すことになりました。しかし、その決意はごく自然なことであり、あたかも最初から決まっていた宿命であるようにも感じました。

先生から背中を押された私は再び妙にハイな気分になってしまい、修士論文の審査がまだ終わらないうちに博士課程の受験に向けてせっせと研究計画書を作りました。そして、博士課程の入試に必須となっている英語の試験を受けました。国立大学なので博士課程の授業料は、飲みに行く回数を減らして少し倹約した生活をすればなんとか払える水準だったことも幸いしましたが、この先どうなるのか、自分は一体どこに向かっているのか、いい歳をしながらとりあえずそういう問題は脇に置いて突っ走ることにしました。2年の修士課程を修了し、そのままストレートで筑波の博士課程に進学したのは結局のところ同期の中で私一人でした。

ちょうどそんなときに、古巣の野村證券から戻って来ないかという衝撃的なお誘いを受けました。トムソンファイナンシャルに移籍して早くも7年以上が経っており、もうすっかりそこでの安定した立場と居心地の良さを満喫していたころでした。にもかかわらず、そのお誘いは私をとてもキケンでハイな気分にさせるものでした。野村證券はもともとイヤで辞めたわけではないし、むしろ好きな会社だったし、再びまたあの野村の、常にテンションが高く、仕事に対してやたらとエンスージアスティックな人々と一緒に働くのもそれはそれで悪いことではないなと。なによりも私がトムソンファイナンシャルである程度完成させたビジネスは野村という巨大投資銀行の中でそこそこ機能するのではないかという密かな自信と展望を持っていました。あの厳しくも大きな舞台で、これまで蓄積してきた力を再び試してみたいという気持ちに駆られました。

野村からのお誘いは「なんならチームの他の人も連れて戻ってきたらどうだ？」という豪勢なものでしたが、そのことをトムソンのチームのみんなに話したところ、ほとんどの人が洗練された外資系証券会社出身者(ことに欧州系)だったこともあって、「野村證券? そんなおそろしいトコで働くなんて冗談じゃないですよ、宮川さん! だったら私は他へ行きます」と言われてしまい、賛同してくれるわずかな人だけを伴って野村に戻りました。トムソンにおける私の求心力など野村證券の特殊性を帯びたブランドの前にはまったくの無力です。ただ、野村證券には博士学位取得までは大学院に通うという条件だけ受け入れてもらいました。

私が野村證券に再び出社することになった日の朝、『日経金融新聞』には「トムソンの宮川氏、古巣の野村へ」という顔写真入りの囲み記事が小さく掲載されました。

――思いもよらぬ事態はいつも唐突に訪れる

野村で働きながら博士課程を修了する。それは予想をはるかに超えて過酷な現実でした。うまい表現が頭に浮かびませんが、とりあえず今思い出しても吐きそうになるくらいです。これまでの無酸素運動の負荷をさらに大きくして、もはや前を見ずに目をつぶったまま駆け抜けるしかありません。少なくとも、夜風に当たりながら「ふっ、オレってなんだかがんばってるかもしれない」などと独り言《ご》ちしている場合ではありませんでした。

博士課程に進学したらすぐに学会発表を行い、学会に論文を投稿するというのが伊藤先生の指導方針でした。今思えば実にありがたいことですが、なんとか私にいい論文を書かせたいという伊藤先生の妥協を許さない指導は日に日に厳しくなっていきます。「宮川さん、いいものを作るには時間をかけるしかありません」。伊藤先生は静かにそのセリフを繰り返していました。私は、筑波で海外研究者を招いて開催されたワークショップを手始めに、日本ファイナンス学会、日本経営財務研究学会、日本ＩＲ学会と次々に学会発表を経験し、ついには日本経営財務研究学会の『経営財務研究』という学術誌に初めて査読論文[*2]の掲載が許されることになりました。

日本ファイナンス学会で私の研究報告の討論者となっていただいた当時横浜国立大

＊2　査読というのは、投稿された論文をレフェリーと呼ばれる同じ分野で第三者の専門家が読み、当該学術雑誌への掲載にふさわしいかどうかを審査することをいいます。このときは3人のレフェリーがついたと記憶していますが、よってたかって足りないところや間違いを指摘され、掲載までに何度も書き直しをさせられます。権威のある学術雑誌はすべて査読を経過した論文のみが掲載されています。

学の倉澤資成先生には、もはやズタズタのボロボロに批評されたのですが、倉澤先生のやさしいお人柄により、それはあたかも柔道の達人にきれいな背負い投げをくらって青畳にたたきつけられて脳震とうを起こすような（そんな経験ないですけど）爽やかで清々しい、とてもイイ気持ちでした。

その学会の帰り道のこと、ある大学の先生から「お茶でも飲みませんか」と声をかけられました。その先生は、学会でズタボロにされた私をどうやら気遣ってくれたようでした。しきりと私の研究が潜在性を持った見どころのある研究だと励ましてくれたのですが、実は、彼は私が先行研究としてずっと読んできた論文の著者で、私は天にも昇る気持ちで彼の励ましを受けていました。これをセレンディピティと言わずしてなんと表現すべきか、しかし、さらに重要なことは、彼が別れ際に

「ところで、宮川さんは大学の先生になる気はないですか？」

という意外な質問を発したことでした。

「大学のセンセイ？　私が？」

目を丸くする私に彼は、

「長い実務の経験があって、しかもこうして研究ができる人ってアカデミアの世界では貴重なんですよ」

と冷静な面持ちで言いました。

まったく思いもよらないことでした。それはあたかも高校生のころにまったく知らない後輩の女の子から突然ラブレターをもらったような、奉祝すべきか憂惧すべきかがわからない複雑な気分でしたが（そんな経験もありませんが）、しかし、この瞬間に自分の人生とは大きくかけ離れたところに存在していた大学教授という職業と現在の自分との間に、ピッとなにか細い線がつながったような感じがしました。その先生は、

「うちの大学でもこの先ひょっとすると教員の枠に空きが出るかもしれません。そのときには連絡してもいいですか？」

と、無責任な言葉を残して風のように去って行きました。予言者のようにも見えるその後ろ姿に向かって私は、

「も、もちろんですとも！」

と、これまた無責任な返答をして家に帰りました。

なんでもとりあえずはやってみるものです。瓢箪から駒、灰吹きから蛇、嘘から出たまこと、世の中なにが起きるかわかりません。しかし、その先生からの連絡はそれっきり途絶えました。

針の穴を象がくぐり抜けるような奇跡

そんなことがあってから1年近くが経ちました。筑波では研究計画発表会を皮切りに中間発表、サーベイ論文発表と学内のいくつかの発表ステージに自らの進捗に応じてアプライし、その段階的な関門をバリバリと突破して行かなければならない仕組みになっていました。私はサーベイ論文の審査に一度落第したもののなんとか予備審査まで漕ぎつけていました。油断はできませんが、このまま順調に行けばひょっとすると博士学位取得となる可能性が出てきます。

そんな折、例の学会での帰り道に声をかけられたあの無責任な先生から唐突なメールが届きました。彼の大学で再来年度の「証券市場論」のポストに予算がついて新たな教員を募集することになりそうなので是非とも応募してはどうかという内容でした。ただし、応募するには博士学位は必ず必要なので再来年までに（つまり来年度中に）取得する必要がある。さらっとメールに書いてありました。だいたい大学の教員という人種はそういう楽天的でのん気で、やたらと人はいいけど段取りとか相手の都合などには大きな関心を寄せません。

その先生とのやり取りについて私は最初からずっと伊藤先生に報告していましたが、応募の話になったとき、伊藤先生はいつになく興奮した様子で私に言いました。

「もしもですよ、もしも宮川さんに少しでも大学の教員になるおつもりがあるのなら、ここは行くしかありません。相手は大阪市立大学（現大阪公立大学：以下同）ですよ。大変な名門です。そんなところからお話が来るなんて、針の穴を象がくぐり抜けるくらいあり得ない幸運です。すごいチャンスです。私は大賛成します」

針の穴を象がくぐり抜ける？　伊藤先生の奇妙な表現がなぜか私の心を決めました。私は大阪市立大学のその先生との約束通り、いかにも役所が作ったような煩雑で非効率でわかりにくい大学の応募書類を作成し、応募しました。応募の締切ギリギリのタイミングでしたが、その後、話は順調に進みました。

果たして大学の給料でこれからの生活が成り立つのかどうか現実的な不安がありましたが、もはや私の運命はこれまでにない新たな方向を目指して走り出しており、こうなると目先の問題はただ一点「博士学位を取得できるかどうか」に絞られました。学位の取得がない限り走り出した運命は袋小路に追い込まれてしまいます。

私は野村の仕事と博士課程の両方を、相変わらず息を止めたまま無酸素運動状態で全力疾走していました。出口を示唆するわずかな明かりが先のほうに見え始めてはいたものの、そこまでの距離がどれくらいあるのか、その明かりが本当に出口なのか、依然としてわからないまま目をつぶって暗闇の中を猛烈な勢いでただ駆けていました。そして、２００９年12月24日クリスマスイブの木曜日の朝、大手町に向かう通勤ラッシュの地下鉄東西線、いつもの6両目後方とびら近くに立っていた私は満員電車の車内で伊藤先生からの電話をかろうじてキャッチしました。携帯電話からは伊藤先生のいつもの穏やかなバリトンボイスが聞こえました。

「宮川さん？　いま大丈夫ですか？」

いや、あんまり大丈夫と言える状況でもないんだけど、伊藤先生はそのまま続けました。

「さきほどね、大学に出て来たんですよ。教務からメールが届いてました。本当なら今日の10時に発表なんですが、早くお知らせしたいと思いましてね。学位請求論文、合格ですよ。ついに宮川博士ですよ。おめでとうございます。やりましたね！」

私は「先生、ありがと……」その言葉を声に出した瞬間に鼻の奥がツーンと痛くなりました。おいおい、勘弁しろよ、いい歳してうれし涙なんてウソだろう。伊藤先生のやさしさに対して次の言葉をつなげられないまま、とりあえず目的地である大手町の二駅前の九段下で電車を降りました。そして、目の前にあったホームのベンチに腰をかけ、スーツのポケットからゆっくりとハンカチを取り出しました。

「ついに終わったんだ……」

ハンカチを口に当てるとほっとして、ようやくじわりと涙があふれてきました。

年が明けてすぐ、針の穴を象がくぐり抜けるくらい奇跡的にギリギリのタイミングで、私は大阪市立大学大学院経営学研究科・商学部から教員採用通知を受け取りました。それとほぼ同時に、私は野村證券の人事部に辞表を持って行きました。結局、野村證券には二度入社して二度辞表を提出したことになります。

私がビジネスの世界で経験してきたこと、大学院で研究してきたこと、すべてを学生に伝えようと決意をしました。ほとばしる高揚感を抑えても抑えきれず、初めて大阪市立大学の正門をくぐったときの興奮は生涯忘れられません。これまであっちへぶつかり、こっちへぶつかり、いろいろな場面でさまざまに迷い、いろいろなところでさまざまに勘違いしてきたけど、結局のところ、

「あぁ、オレがやりたかったことってこれだったんだなあ」

そう気がついた新学期、私はちょうど50歳になっていました。ちょっと遅い。

第2話

オールを握ることはこうして始まった

——探究のジェネシス

彼に声をかけられたのはつい先日、都内で開かれたパーティでのことでした。そのパーティは立食形式だったのですが、私は立食パーティが大の苦手です。あれって華やかには見えますが、料理の混ざったムッとした匂いに私はいつもいささかの緊張感を覚えます。私が立食パーティを苦手とする理由は、第一に目移りするような豪華なターゲットの中から適度な種類を選び、適度な量だけ皿に盛りつけ、それを片手にして立ったままフォークで食べる、という一連の動作と姿かたちがどうもサマになりません。第二に、私はじっくり人の話を聞き、じっくり人に話をするのは得意ですが、立食で展開されるスモールトークはどこから入ってどのあたりで切り上げるべきかのタイミングがむずかしいし、会話中に口からものを飛ばしたりしないようハラハラしながら控えめにしゃべる必要があります。第三に、そもそも立ちっぱなしが疲れます。

彼は、私のように料理が山盛りになった皿を持たず、赤ワインのみを手にして颯爽と近づいてきました。そして、

「先生のご著書、拝読いたしました」

と言って、拙著『新解釈 コーポレートファイナンス理論──「企業価値を拡大すべき」って本当ですか？』について極めてポジティブな感想を簡潔に、そして朗らかに述べてくれました。彼は大学卒業後、米系の投資銀行でしばらく働き、現在は新興企業のCFO（最高財務責任者）の職にあるということでした。年齢は見たところ40歳手前ほどで、私と同じくらい背が高かったけど、私と違って端正なマスクを持ち、いかにも明晰そうな滑舌のよい、それでいて穏やかな口ぶりの人でした。大学時代にコーポレートファイナンス理論を専攻したという彼は、ゼミでコーポレートファイナンス理論を学んだとき、そのおもしろさで体に電流が走る思いがしたと言います。かなり珍しい人ではあります。

彼は社会に出ると大学で学ぶ理論と実務はきっと違うだろうと想像していたのですが、

「コーポレートファイナンスで学んだことだけは今自分の目の前にある現実と寸分の

違いもありません。そっくりそのまま仕事に生きています」

冷静に話をしていた彼でしたが、そのときだけは片手にワイングラスを持ったまま両方の手で小さな幅を作り、「寸分の違いもない」ところを強調して見せました。そして、日本企業に勤める人は全員がこの勉強をすべきだと力強く語った彼の眼差しは、パーティ会場に新たに運ばれてきたローストビーフに一瞬だけ移ったものの、揺るぎない意思を感じさせました。

そんなちょっと重めのスモールトークに続いて、彼は「実は先生に当社の配当政策についてご意見を伺いたいと思うのですが」と、ローストビーフを頬ばりながら立ち話をするにはどうにもふさわしいとは思えないヘビーな話題を切り出しました。彼がすこぶる熱心だったこともありますが、私も興味がそそられたため、パーティ後に場所を変えて話を聞くことになりました。

さて、第2話のテーマは探究です。セール（帆）を張るためには実際に役立つ情報を手に入れることが重要ですが、オール（櫂）を握るために必要なものは地道な探究の姿勢です。「情報を得ること」がどういうものであるかは多くの人が経験から知っていますが、それに比べて「探究すること」がどういうものであるかを知っている人はきっとはるかに少ないはずです。この若きＣＦＯの話をモチーフにして、現代のビジネスの世界では探究などという悠長なことは言っていられない現実と、それでもなおアカデミアの世界で行ってきた探究のプロセスがビジネスの問題解決には早道だという私の経験をお話しします。ファイナンス学者の思考法はもともとどのようにしてどこから始まったのか、オールを握ることの意味を知るために探究の淵源（ジェネシス）に遡ります。

「探究」よりも「作業」を優先してしまう

彼はCFOの立場として同社の配当政策について取締役会で提案しなければなりません。勉強熱心な彼は上場企業の配当政策を丹念に調べ上げ、各社がどのような指標を配当政策の目標に掲げ、その目標をどれくらいの水準に設定しているか、また、同業他社はどうしているか、彼の会社と同じくらいの規模の企業はどうしているか、証券会社の協力を得ながらデータを作成したと言います。そのデータセットは私も参考にしたいほどの正確さと詳細さを備えており、同時に日本企業の配当の概要が彼の頭の中にインプットされていました。そして、それらのデータと照らし合わせながら考慮の末に、とくに遜色はないだろうという水準で彼は配当政策の目標を設定しました。配当政策についてここまで力を入れて検討するCFOはそう多くはいないと思います。

しかし、彼はひととおり説明し終わると少し苦み走った表情になって言いました。

「こういうことで本当にいいのかなと自信がないんですよ。なにか足りない考えはないでしょうか？」

私は自分が実務に携わっていた時代の経験を彼のほろ苦さに重ね、その思いに合点がいきました。当時の私も彼と同じようなことをして、彼と同じように自分自身がやっていることに疑問や不安を感じていました。いま思えばその問題意識が私を研究への渇望に導いたのかもしれません。彼が手間と時間をかけて行ってきたことは情報を集める「作業」であって「探究」ではないからです。彼はコーポレートファイナンス理論を学び、その理論が現実と寸分の違いもないと感じているにもかかわらず、理論に基づかない目先の作業に血道を上げています。理論を学んでいるだけに彼が「こういうことで本当にいいのかな」と感じたのはとても健全なことだと思います。彼が行ったセールを張る「作業」は決して無駄なことではないのですが、その作業を行う前に私からおそらく二つくらいの問いを彼に投げかける必要があります。第一に「貴社はなぜ株主に配当を支払いたいと考えているのか」、第二に「なぜ配当政策には目標が必要なのか」というあたりです。

大学院時代の私は配当政策の研究をしていたのですが、仮説を構築する段階になって実際に師匠から「そもそも配当ってなんのためにあるんですか？」と聞かれて答えることができませんでした。本来このような問いは実務では敬遠されます（仮説を構築する段階になった修士の学生にとってもなかなかにキビシイ問いです）。経営計画で配当性向の目標を30％に設定すべきか、40％に設定すべきかを検討しているときに「そもそもなんのために配当を支払うんだ？」とか「そもそもなんで配当に目標が必要なんだ？」などと言っていたのでは仕事になりません。ありていに言えば単に面倒な問題提起です。

しかし、本当はそういう根本的な問いに答えられない限り「配当をいくら支払うべきか」に正しい答えを出すことは絶対にできません（修士論文の仮説を構築することも絶対にできません）。ビジネスの世界にいた私は、目の前の具体的な問いに答えを出すためには、その背後にある根本的で抽象的な問いに対して説明ができなければならないんだと、師匠に質問されて改めて確信したわけです。そういうオールを握るための探究の姿勢はもちろん学術論文を書くために必要ですが、むしろ複雑化する現代のビジネスにこそ必要なことだと思います。

ともすれば「他の会社がこうしているから」とか「日本企業の平均的な配当性向がこうだから」といった、本来解決しようとしている目的とはなんの因果関係もない安易な答えを導き出してしまったり、もっとひどいときにはとりあえず形だけ作っておくといった結末になってしまうのは（ビジネスではそういう要領の良さがたまに必要なときもありますが）、根本的な問いを迂回してしまうことによるものです。

具体的で喫緊の問題が目の前に突きつけられているときに、つまり、急いでセールを張らなければならない絶好の風が吹いているタイミングに、周りが聞くと「どひゃ～！」とズッコケそうなクリティカルな質問を平気で投げかけられるような人が組織には必要だったりします。その質問に全員がきちんと答えられるならその方向で検討を進めればいいし、だれもうまく答えることができないなら、もう一度ふりだしに戻って考え直すほうがかえって近道になることがあります。

単純化しても本質には迫ることができない

ところが、今のビジネスには、というか世の中全体がそうですが、抽象的なことを考えてモヤモヤと「探究」などしているよりは、スッキリした単純な答えを早く出す「作業」のほうが重要だと思われています。「ＲＯＥの目標８％」とか「２０５０年にカーボンニュートラルを目指す」とか「２０３０年に女性役員の比率30％」とか、多くの人が理解できる（あるいは仕方ないと思っても従える）シンプルな単一解を具体的な合意点として求めすぎていると思います。複雑な現実をスパッと一刀両断に単純化した話に落とし込むと、話をしているほうは気分がいいし、聞いているほうも気持ちがいいような錯覚に陥るのですが、単純化された話とわかりやすい話は異なります。

単純化とは、本来そこにあるべき変数をどんどん減らしていくことを意味します。だから単純化することによってリアリティが失われ、実際の問題解決にはつながりません。問題の解決どころか知的探究の機会も奪われ、どの企業も同じような経営指標の目標を掲げて同じようなフォーマットで経営計画を開示する秩序化が優先されているのが現状です。その結果、複雑性や例外性をたっぷりと含んだ個別具体的な問題への対応能力はますます失われていきます。

もしも、例の若きＣＦＯに「先生、理屈はいいですから要するにウチの会社はいくら配当を支払えばいいかズバリ単純に教えてください」と言われたら、私は戸惑うだけでなく、建設的な会話にはならなかったと思います。彼が私に求めたのは、自分が意思決定するうえで「どのように考えたらいいのか」という根本的で客観的な視点でした。彼は複雑なものを複雑なままに受け容れ、抽象的な理論を駆使してモヤモヤしながら自分で考えたかったわけです。

抽象的でモヤモヤしている状態は実は必ずしも悪いことではありません。ビジネスにおいてはもともと複雑な意思決定をしているのですから、スッキリ単純であることのほうがむしろ不自然です。ファイナンス分野の研究も企業で働く企業人が取り組む問題も、一旦「そもそも配当とはなにか？」というように、核心を突いた根本的な問いに立ち返ってモヤモヤしない限り、目先の具体的な目的は達成できないというのが私の考えです。

厄介なのは、この種の根本的な問いは走りながら考えるわけにはいかず、一旦立ち止まって考える必要がある点です。だからとくにスピードが求められる忙しいビジネスの世界では、そんな悠長なことは言っていられないということになりがちですが、単純さがかえってさまざまな誤謬を生じさせ、問題をもっと厄介なものにしてしまう要因になっていると思います。そして、その誤謬が生じたとしても、結局のところ時が過ぎて終わってしまえばなにが間違っていたのか十分な分析がなされないまま忘れ去られてしまいます。だから「昔はそういうマズイこと平気でやってたよね」とか「今はそういう時代じゃないから」という、決して将来につながらない無意味な反省を繰り返すことになります。

そうならないためには、目先の具体的な問題がもともとどこから来ているのか、元来どういう問いから派生してきたのかを知って、自分の考えを組み立てる必要があります。科学的にものを考えるというのは、目の前に起きている具体的な現象を極限まで抽象化して、根本的な問いに立ち返り、その現象の本質に迫ることです。そして、「この前提から出発するとこのように結論するしかない」という仮説を導き出します。探究というテーマにおいては私がビジネスの世界で行ってきたこととまったく同じです。

小さなチームの大きな野望を支えた科学的な思考プロセス

大学に赴任する前にいた私のチームは日々クライアント企業が抱える問題に対して、なんらかの仮説を立て、データと資料を集め、それらを検証し、解決策を模索しようとしていました。小さなチームでしたが、クライアント企業への責任を果たすために独創的なアイデアを出そうと全員が絶え間なく探究するチームでした。チーム内のミーティングではまるで油のパイプを通るようになめらかに躊躇なく次々と各人の自己主張が披露されます。一方で、納得のいかないアイデアは容赦なくダメ出しされ、要求レベルを満たせない分析は厳しく否定されます。

みんな問題意識が高く、頭の回転が速く、ジョークが好きで、そして互いに屈託なく批判し合える私のチームの最重要課題は、常に「あと一歩だけクライアント企業の真実に近づこう」というものでした。クライアント自身が気づいていない奥深いところに眠っている真実を明らかにしない限りクライアントに有効なアドバイスはできないという信仰は、リーダーである私が教えるともなくチームの中に自然と存在していました。しかし、その反面チームのミーティングは「これが本当に真実だと言っていいのか?」といつもモヤモヤを繰り返していました。

そのスッキリしないモヤモヤ感を常に持っていることはチームにとって意外と大事なことでした。プロジェクトをこなすたびに繰り返しやってくるモヤモヤ感はなんとも言えない知的快感であると同時に、なによりチームのレベルを高める原動力ともなっていました。チームのレベルが高まるというのは、ただ単に依頼される仕事の範囲やクライアント数が拡大して幾何級数的に売上につながることではありません。売上も大事ですが、クライアントからのそれぞれに異なる特殊な依頼内容を聞いても、驚いたり、恐れたりすることが徐々になくなっていくことを意味します。いつのまにかプロジェクトへのアプローチ方法が変化する、言い換えればプロジェクトをこなすうちにチームが別物になっていく気がしました。少しずつですが、探究からの学びはチームを別の生き物に変えていきます。しかも、そうなることをだれも探究の目的としているわけではありません。人がなにかを学ぶことにおいて重要なのは、幾何級数的に知識を増やすことではなく、なにかが変化していくことではないかと思います。

私のチームが行ってきたことを、科学的な思考プロセスに重ね合わせて表現するなら次のような手順となります。まず、経営の現場で起きている現象、たとえそれが見たことも聞いたこともないような現象であったとしても、その背後には客観的に認識できて、証明が可能ななにかしらの原因が存在するはずだと考えます。そして、その原因いわば真理に近づくために実際に起きている現象をさまざまな構成要素に分解します。どのような現象も、その現象を起こしている要素（原因）に分解できるはずなので、要素ごとに現象との間にある因果関係を特定する作業を行います。「あー、これ、あのパターンじゃないか？」と既知のパターンで生起している現象もあれば、「おいおい、こりゃなんだ？　初めて見たぞ」と未知の法則性を発見して改めてデータを集め直さなければならない現象もあります。このように還元論的な手法を用いて、そして、あふれるほどの好奇心と十分な猜疑心を投入して問題の解決策を探究する。そういう点においてはビジネスも学術研究も同様です。

だから私は、ビジネスの世界に科学的な思考プロセスをもっと広く活用できると考えています。科学的という表現を使いながらこう言うのもはばかられますが、私の経験から実感を述べるならば、本質をついた根本的な問いに立ち返って知的モヤモヤ感を楽しめる人はファイナンス学者や経営学者の中でも実は限られていますし、逆に実務家の中にはそれができる人が少なからずいます。

さてそこで、現在の私が仕事にしている学問そのものについてちょっと幅の広いお話をします。ファイナンス理論はもちろん、経営学や経済学はなにを目的にした学問で、このような学問体系はどのようにしてでき上がったのか、そこを少しおさえた上で、ビジネスの現場に存在する具体的な問題に対して、科学的な思考プロセスはどのように発揮されるのかについて考えます。

科学者の仕事は、世の中に説明できる範囲を拡げること

私が専門としているコーポレートファイナンス理論の全体像をとても大まかに表現してしまうなら、企業はどういう成り立ちをしていて、どこからどのようにして事業に必要な資金を調達し、どのような判断をもとに事業に投資を行い、どのような競争優位を発揮して利益を獲得し、獲得した利益をどこにどのように配分するのか、そういう企業の意思決定プロセスの合理性を企業価値というテーマで解き明かす学問です。主な観察対象は企業と市場そして両者の関わりになります。まさに経営の根幹を考えるベースとなる学問分野と、自信をもって言ってもいいでしょう。だからＭＢＡ(Master of Business Administration) の科目では舞台の前列中央とはいかないまでもその付近のポジションを常に占め、多くのビジネスパーソンにとっては難関ながらも絶対にはずせない魅力的なキャラクターになっています。

海外のビジネススクールに留学したり、ＭＢＡの学位を取得した方でコーポレートファイナンス理論を勉強しなかったという方はいないはずですが、その一方で、今の日本企業で働く中堅以上のビジネスパーソンでコーポレートファイナンス理論を大学

時代に学んだという方はそう多くないかもしれません。かつては大学院を主な舞台としていたファイナンス理論は、現在、商学部や経営学部、そして経済学部など大学によってさまざまな学部で出講されています。というのも、経営を研究の対象としながら、その解明のためにミクロ経済学の理論を用いる点が特徴だからです。ファイナンスの世界では経営学者と呼ばれる人も経済学者と呼ばれる人もすぐれた活躍をしています。企業の行動（資金の調達、事業投資、利益の配分）とその評価（企業価値）という視点に立てば、ファイナンス理論は経営学者の領域ですし、一方で経済学の理論を使うという点からすれば経済学者の領域でもあります。

私の学位は「博士（経営学）」と表記されていますが、私が博士課程に進学したときに大学院で師匠に言われたことは、「学問の領域がどこにあるかにかかわらず広く科学者の仕事として最も重要なことは、世の中で起きていることをわかりやすく説明すること、世の中に説明できる範囲を拡げること、そのようにして世の中に新たな知を提供することにある」でした。私はこれを聞いたとき、少し控えめな表現をしたとしても、雷に打たれたように体が震え、興奮が収まらなかったことを覚えています。自分が勉強していることの意味がわらわらと明らかになり、目の前に進むべき道がくっきりと現れた思いがしました。

その目的を達成するために、科学者が用いる思考法、とりわけファイナンス学者が用いる思考法の特徴として明確に言えることは、企業の行動に関する根本的な問いを立てるところにあります。「そもそも企業とはなにか？　なぜ存在しているのか？」「そもそも価値とはなにか？　なぜ企業に価値をつける必要があるのか？」「そもそも戦略とはなにか？　なぜ戦略が必要なのか？」といったようなことが根本的な問いです。根本的で意味のある問いは、広がったり深まったりします。

師匠から科学者の仕事についての話を聞いたときに私の興奮が収まらなかった理由は、自分がそういう科学者の職に就こうと思ったからではなく（当時はそんなこと思ってもいませんでしたし）、実務の世界にいた自分はビジネスにおいてもこのような根本的な問いから出発すべきだと気がついたからです。

探究のプロセスの出発点

これまでお話ししてきた根本的な問いのことを哲学的な問いと言い換えていいと思います。哲学的な問いは時として周囲をズッコケさせることがあるかもしれませんが、もともと人間はそういう空気を読まない問いに対してむしろ深い関心を持つようにできた生き物です。その答えを追究する行為に知的な衝動を持っていると言われてきました。

それはパスカルの「人間は考える葦である」という多くの人が一度は聞いたことのある有名な至言に象徴されます。改めてその意味を考えると含蓄豊かでなかなか味わい深い表現です。パスカルは、広大な宇宙を考えたとき人間が生きている事実や存在する肉体はひとくきの「葦」のように、か弱く無力で取るに足らないものだが、しかし、人間のみが持つ思考する精神は宇宙の成り立ちを考えるほどに偉大で「尊い」行為をもたらす。そういうパラドキシカルな考えを示したものです。哲学者の伊藤邦武先生はパスカルの表現を、人間が「哲学的問いを追い求め、それと格闘する知的努力の置かれた状況を鮮やかに示している」（伊藤［2012］[*3]）と言い、「一見不合理な、しかし知的に価値のある」問いを発することの重要性を哲学の背景として説明します。

アカデミアの研究活動にせよ、実務家が直面する問題解決にせよ、もともとその探究のプロセスは哲学を出発点にしています。同様に伊藤邦武先生の表現を借りれば、哲学とは「人間の誰もが世界と向き合い、自分の生の意味を顧みるときに、どうしても問わずにはいられない、もっとも根本的な問いを深く考え、その答えを模索しようとする知的努力」（伊藤［２０１２］）のことをいいます。だから哲学の歴史となると、それは人類の文明の歴史とともに始まったということになります。

人類が最初に直面した難題はおそらく自然界の天変地異です。ある日突然、予告もなく地震が起きたり、洪水で流されたり、日照りが続いたり、暴風雨に襲われたりして多くの人が犠牲になります。人類はこれらの経験に際して「宇宙と生命の生成、構造、その変化の原理についてさまざまな説明の物語を構想した」（伊藤［２０１２］）のですが、天変地異が起きる理由を説明するための当初の主たるロジックは「われわれにはもはやコントロールができない。つまりこれらは神の仕業によるものだ」という神話的思考でした。伊藤［２０１２］によれば、「都市文化の規模が大きくなるにつれて、神々を主体とする擬人的な物語から、より理性的な原理や人間の本性をもとにした理解へと徐々に変化していって、それが哲学の誕生と発展へとつながった」と言います。そして、「このような天変地異は一体なぜ起きるのだろうか？」という抜き差しならない切羽詰まった根本的な問いへの探究が始まりました。いよいよソクラ

＊3　伊藤邦武［２０１２］『物語　哲学の歴史　自分と世界を考えるために』（中公新書）

テスとその弟子たちが人類の知的探究の方向性とそのレベルをまさに根本から決することになります。

初期の大学の意外な看板学部

もちろんここで哲学の歴史を振り返るつもりはありません。もし私のような者が哲学を語るとしたら、それは高尾山にハイキングに行くような軽装で真冬の剣岳に登るようなものです。即遭難です。ただ、われわれがビジネスの現場でものを考えたり、大学でファイナンス理論や経営学分野を学んだりすることの源を訪ねることは、今取り組んでいる目先の問題に対して意味のあるメッセージを投げかけてくれます。ですから、雪山で遭難しないよう文献に頼りながら、ファイナンス理論や経営学分野を学ぶ意義について少し触れておきたいと思います。

「無知の知」はソクラテスのイメージを惹きつけるキャッチフレーズですが、先にお話ししたように根本的な問いに答えられない人が目先の問題を解決することができないという考え方に通じます。自分が無知であることを知っていることが知者の証であるという結論に達したソクラテスは、間違いなく空気を一切読まない相当な変人だったとは思いますが、おそらく世の中の根本的な原理を当時科学と同じような純粋なレベルで、広く深く思考し抜いた偉人でした。ただし、ご存じのとおりソクラテスは一編の書物も記録も自らは残していません。ソクラテスの思想は、涙なくしては読めないあの『ソクラテスの弁明』をはじめ、その弟子プラトンによって伝えられます。

ソクラテスが悲劇の死を遂げた後、今で言えば「いいトコのボンボン」として高い教育を受けたプラトンがギリシャのアテナイ近郊に設立したアカデメイアという学園が、世界で初めての組織化された高等教育機関と言われています。紀元前5世紀のことなのですが、不思議なことにほぼ時期を同じくして中国で孔子が弟子に教育を授けていた記録があるなど、世界中で同時多発的に原始的な教育形態が普及していったようです。「学びたい人」がいて「教えたい人」がいて、なんだか人間の本能として備わった純粋な知的衝動がなしえたことのように感じます。

プラトンのアカデメイアが大学の淵源ともされていますが、現在の大学の原型が成立したのは中世ヨーロッパでした。これらはもちろん学問を志す者が集まった自律的な組織ではあったのですが、このころに大学が成立したことにはそれなりの合理的背景があったようです。金子「2007」[*4]によれば、当時「社会の生産力が向上して、直接には役立たない活動を支える余裕が生じた」ことがありましたが、とくに三つの面で社会的な需要が生じていたと言います。その需要とは、第一に高度専門職の要請、第二に貴族階級が求めた教養の必要性、第三に新たな文化活動が拡大したことによる知識そのものへの要求、といったものでした。

中世ヨーロッパの大学といえば、世界最古の大学と言われているイタリアのボローニャ大学、それに続くパリ大学、そしてイギリスのオックスフォード大学とケンブリッジ大学、ドイツのプラハ大学、さらにはサレルノ大学、このあたりの超有名どころが世界史の教科書にも出てきますが、だいたい名前だけで往時の教育体制についてあまり詳細は語られません。ここでちょっと大事な点は、当時これらの大学はすでに今で言う学部のような専門領域の教育制度を持っていて、それぞれの大学に看板学部があったことです。

そのころの学部は神学部、法学部、医学部の三つでした。なぜこの三学部だったのか？　当時の大学が行った教育はもっぱら高度な専門的職業人の養成を目的にしたものだったからです。神学部は聖職者、法学部は政治家や法律家、医学部は医者といった具合です。つまり、ここが金子［2007］の言う「社会的な需要」で、近代国家の運営や社会経済を動かすための人材輩出が大学の機能でした。当時トップのエリート学部はなんといっても神学部で、神学部が育てたのは牧師というより教会官僚といわれる国家組織を支える人材でした。さらに工業技術の近代化は、伝統三学部に加えて技術者を養成する工学部や農学部へと拡大していきます。

探究する自由が保障されている理由

さて、私にとって興味深いのは、19世紀初頭になってこれら職業教育という機能的な大学のあり方に批判が起きるところです。その批判とは、当時の大学は「学生に知識の機械的な修得を強いる半面で、自律的な知的探求を阻む、乾燥したもの」（金子［2007］）であって高等教育の名に値しないというような厳しいものでした。それに抗したかのように当時としてはまだ後進地域だったドイツに設立されたのがベルリン大学でした。そこで初めて「大学の自治」とか「学問の自由」という今日的な理念

＊4　金子元久［2007］『大学の教育力　何を教え、学ぶか』（ちくま新書）は私が大学の教員になったとき大きな刺激を受けた本です。

が生じます。

ここは教育の歴史の中で私が最も好きなところで、ベルリン大学設立の背景にはさまざまなことがあるのですが、詳細は金子［2007］に譲るとして、結論を同書から引きますと「ドイツ観念論哲学は、国家こそが人間や社会の意味の体系としての『文化』と一致しなければならない（中略）、こうした意味で国家は『文化国家』でなければならなかったのである。そして文化は先験的に与えられるものではなく、人間の理性的な探求によって形成されるべきものであった。大学はその中心をなすものであり、したがって政府機構を超越する役割を与えられる。同時に学術的な探求は、それ自体を目的として行われなければならない」

つまり、文化に普遍的な妥当性があるわけではなく、文化はもともと人間の探究心によって形成されるものであって、それが国家のあり方を決めることになります。だから学術的探究はそれがどのような対象であってもなにか別のことを目的として行われるのではなく、探究自体を目的として行われます。このような自律的自発的な活動である学術的探究とそれに伴う教育を行うためには、学問を教える自由、学ぶ自由、探究する自由が保障されていなければなりません。これがベルリン大学の打ち出した学問の自由と独立という教育主義構想でした。

この考え方はベルリン大学の設立者ヴィルヘルム・フォン・フンボルトにちなんでフンボルト理念とかドイツモデルと言われており、世界史の教科書なら太字表記の扱いを受ける重要な概念と言えます。フンボルト理念は実際にはかなり複雑で難解な内容ではあるのですが、国家による大学への干渉は許されず、学問の自由と大学の自治を尊ぶ教育主義はドイツ国外にも広がり、日本の大学も大きな影響を受けたはずでした。いま日本の大学の現場にいてそういう香りがまったくしませんが、それはそれとして、当時フンボルト理念は大学の組織自体にも影響を与えます。すなわち学術的探究といった純粋科学は「哲学部」として一括され、従来の神学部、法学部、医学部と同等の地位に引き上げられることになります。そして、哲学部から自然科学分野と社会科学分野へと分化が進んでいくわけです。

蛇足になることを承知でちょっと口をはさみますが、フンボルト理念が主張したのは、国が作った大学だから国のために教育するわけではなく、また国の費用で行った研究だから国のために研究するわけでもなく、教育や研究は自己目的として独立しているということです。そもそもオックスフォード大学もケンブリッジ大学も、あるいはハーバード大学も近代国家が成立するずっと以前に設立された大学です。最近の日本では２０１５年に文部科学省が「国立大学法人等の組織及び業務全般の見直しについて」という通知を各大学に送り、一部学部に対して「組織の廃止や社会的要請の高い分野への転換」を求めたことから、いわゆる「役に立つ学部」とか「役に立たない学部」という話題で揶揄されました。一体だれがなにを理由にどういう研究や教育が役に立つとか立たないとかと判断できるのか、こういうのを聞くとなんだか肌寒さを感じます。この文科省の通知に対してはすぐさま日本学術会議が反論の声明を出しています。

フンボルト理念が言っている「学術的探究は探究それ自体を目的として行われる」という意味は、科学理論の構築やその検証という作業は、世の中の役に立つから行われるのではなく、自然や社会を理解するという純粋な学問的価値によって担保されるものだということです。そして、その価値評価は役に立つかどうかという基準ではなく、本当に新しい理論が構築されたのかどうか、その仮説の論理性や支持にいたる検証方法に妥当性があるかどうか、いわばそれのみが問題となります。学術的探究が、役に立つ立たないといった人間の価値観から自由であることは科学にとっての命綱です。学問に政治の権威を持ち込むことが本来許されないのはそういう理由によるものです。

学術界にとってだけではなく、もしも目先の実用的な研究とかけ離れた基礎研究が行われなかったら、たとえばわれわれの日常を支える電気や通信などインフラを構築するための技術と知識は大幅に遅れていただろうと言われています。

経済学が探究する根本的な問い

今でも経済学部や経営学部ではゼミナールという教授を中心とした研究組織を作り、そこで学術的探究やその方法論について学ぶ教育スタイルがとられています。これもフンボルト理念以降19世紀後半に確立した学習モデルで、探究そのものを目的とした結果できあがった方法論でした。だから、経済学部や経営学部も元をただせば真理を追究する哲学を始祖として分化した学問です。つまり、法学部や医学部とは性格がかなり異なると言っていいと思います。

とくに経済学は自然科学の手法を取り入れ、歴史的にも理論と実証を両輪とした「科学的探究」の様相を呈した形で発展してきた分野です。はっきり言って経済学だけは特別扱いされてきました。なにしろ社会科学分野の中でノーベル賞があるのは経済学だけです。[*5] これは経済学の始祖アダム・スミス以来の「経済理論」という伝統が支えてきた賜物と言われています。

経済学といえば漠然とお金にまつわる勉強と思われがちですが（もちろんそれも間違いではないものの）、人が集まって社会を作ったときに、その中で人はどういう行動をとるのだろうかという本来は人間行動を探究する科学です。50人の学生がいる教室に100個のおまんじゅうを置いたら彼らがどのような行動をするのか、彼らがどのようにしておまんじゅうを配分するのかを考えるようなものです。このことをスミスはチェス盤の上でそれぞれの駒が行動原理に従って動くことにたとえて「人間社会のゲーム」と表現しています。また、アルフレッド・マーシャルは『経済学原理』において「経済学は、日常生活における人々を研究するものである」と言っています。そして、現代の代表的経済学者グレゴリー・マンキューは、経済に関する研究がどれだけ進歩してもマーシャルの定義を「いまなお初版が出版された1890年当時と同じくらい正しい」と言います。

経済学は教室に置かれたおまんじゅうのように人間社会の資源は常に限られたもので、その資源は全権を握る独裁者が配分を決めるのではなく、無数の家計や企業といったそれぞれの経済主体（要するに人）がなんらかの意図をもって行動し、配分すると考えます。それを分析する視点によって、ご承知のとおり経済学は伝統的にマクロとミクロに分かれています。マクロ経済学は、経済全体を通じての総雇用量や失業率、物価水準といった集計的経済を研究対象とし、主に国単位で分析が行われます。それに対してミクロ経済学は家計や企業を単位とし、それらがどのような意思決定を行って、相互に作用し合うのかという視点で研究が行われます。経済学の特徴は経済理論を展開する上で高等数学を駆使し、経済現象を科学的なエレガントさで実証していく方法論を古くから確立した点にあります。

いずれにしても、どうすればお金が儲かるのかとかこういう政策をとれば物価を安定させることができるというご宣託を下しているわけではありません。企業が利潤をあげるとはどういうことかとか、なぜ失業者がいるのかといった広く経済に関わる無数の根本的な問いを無数の研究者が設定し、今なお幅広い探究が続いています。経済

＊5　ご存じのとおりノーベル賞は、ダイナマイトの発明者として知られるアルフレッド・ノーベルの遺言により１９０１年に創設されましたが、その分野は物理学、化学、医学・生理学、文学、平和の5分野であって、もともと経済学は含まれていません。「ノーベル経済学賞」は実は俗称で、正式には「アルフレッド・ノーベル記念経済学スウェーデン国立銀行賞」と訳されます。ノーベルの死後70年経った１９６８年に創設されたもので、賞金もノーベル財団ではなく、スウェーデン国立銀行から拠出されています。

学の研究対象やアプローチ方法はますます広がり、ますます深まり、もはやどこまでを経済学というべきか定義することがむずかしいほどに日進月歩の発展を遂げていきます。そして、その長い探究の歴史の過程で経済学が現象を説明するため生み出してきた数多くの理論、とりわけミクロ経済学分野の理論が、もっぱら企業と市場を研究対象とするファイナンス理論に多大な影響を与えていきます。

経営学が探究する根本的な問い

一方、経営学分野の発展も日進月歩です。経営学は経済学で取り上げられる企業という経済主体に焦点を当て、企業（組織）経営にまつわる現象を研究対象とします。経済学と違って経営学の特徴は、研究対象がわりと明らかであるのに対してその分析手法やアプローチ方法はかなり自由度が高いという点にあります。私が専門としている研究も、経営学の視点から企業の行動にアプローチをして、ミクロ経済学の理論を導入して分析を行うという手法が特徴です。しかし、最近のファイナンス分野の研究は、研究者によって分析視点の置き方はますます多様化し、従来のミクロ経済学の理論群を用いたスタイルに加えて、ここ数年は心理学や社会学などの分野から企業の現象や価値の創出を説明しようとの試みが行われています。

ここは経営学が経済学と大きく異なる特徴です。経済学は研究対象そのものが比較的自由で、どんどん拡大している一方、用いる理論やアプローチ方法は経済学分野で培われてきた理論が主体となります。同じ理論で説明できる対象を広げていく経済学と、同じ対象をさまざまな理論を用いて説明していく経営学というのが一つの対比の方法だと思います。この背景には、経済学はまず理論や学門的問いが先にあって研究が発展してきたのに対して、経営学はまず現象が先に起きてこれを説明するための実務的要請から発展してきた歴史があるとも言われています。このことが実務において経営学やファイナンス理論が、ともすると「セールを張る」ための知識としてとらえられがちにある所以なのかもしれません。ただし、今もこうしているうちに学問分野は常にアメーバのように柔軟に増殖を続けていますので、いつまでこの対比が有効かは明らかではありません。

経営学における根本的な問いの一つは「同じ事業を行っているのにうまくいく企業（組織）とそうでない企業（組織）があるのはなぜか」です。この問いに対してさまざまな観点からアプローチが行われます。経営学者というと戦略論や組織論といった経営理論の視点から接近する研究者を一般的には思い浮かべます。しかし、これら伝統的ともいうべき領域も拡大したり、細分化したりを繰り返して経営学者と呼ばれる範疇やその経営理論は拡大しています。よりよい製品やサービスを顧客に対して提供するために改良・改善、機能の高度化という観点からは製品開発論や技術論、製品やサービスをどの顧客にどのように提供するかという観点からはマーケティング論、企業の生産性や効率性の向上という観点からは生産管理論やロジスティック論というように、すべてを挙げることができないほどにさまざまな領域から新たな研究が行われます。

そして、企業が経済的な価値を世の中に提供するという前提に立てば、ファイナンス理論の観点から私のリサーチクエスチョンは主に「同じ事業を行っているのに価値を創出する企業と価値を毀損する企業があるのはなぜか」ということになります。私の場合はファイナンス学者と呼んでいただくほうがしっくりはくるのですが、以上のように企業経営にまつわる現象を研究対象としていることもあって、また、修めた学門分野がそうであったため、私の学位は「博士（経営学）」と表記されています。

ちょっとしたトリヴィアルな話題ですが、「博士」は正確には「はくし」と呼称します。かつては「経営学博士」「経済学博士」「理学博士」「医学博士」というように専門分野ごとに博士号が表記されましたが、日本では１９９１年の制度改正で、どの分野であろうと博士は博士、専門分野はついでのようにカッコ書きで記載されるようになりました。修士学位も同様です。「経営学修士」ではなく「修士（経営学）」と表記します。

博士学位を英語表記にする場合は「Ph.D.」と表記し、「ピー・エイチ・ディー」と呼びます。とくに専門分野は記載されず、氏名の後にカンマをして「Ph.D.」がつきます。これは「Doctor of Philosophy」の略ですから直訳すると「哲学博士」となります。ファイナンス理論が専攻分野でも哲学博士とは奇妙な話ですが、これもドイツのフンボルト大学哲学部に由来します。学位の歴史は複雑ですが、現在のような国際的な学位制度の起源はやはりフンボルト大学哲学部に求められ、真理発見に資する学問という意味で哲学博士の学位を授与したことから学位授与権という大学最大の特権が定着していきました。

現在ではPh.D.はどのような専攻分野の学術研究でも適用されるようになっています。その意味は、真理を探究するという学門の源流を哲学に求め、真理探究の対象やその方法論は時代とともに広がっていくことから、博士学位を授与された研究者は専門分野にこだわることなく自由に探究し続けなければならないという示唆なのかもしれません。私が学位を授かった大学院ではそのような説明をされた記憶があります。

サイドストーリー①

――理由は聞くな、本を読め！

ビジネスパーソンに求められた三つのスキル

このところ企業の人的資本の開示が制度化されたり、リスキリングという言葉が流行ったり、もっぱら企業人の業務能力やスキルに関する話題が豊富です。経営学の広い分野には組織における個人のモチベーションをテーマとしたミクロ的な研究があり、その中には個人のスキルとかキャリアの問題に関する領域も存在します。ビジネスパーソンのスキルというとロバート・カッツのモデル「3 skills approach」が思い出されます。[*6] カッツがこのモデルを提唱したのは1955年のHarvard Business

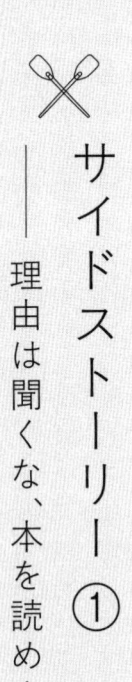

Reviewなのでずいぶん昔の話です。もはやクラシックな風格漂うこのモデルですが、実は今の時代でもいろいろなところで頻繁に紹介されています。

3 skills approachと呼ばれれるカッツモデルは、もともとマネジメントを「ローワーマネジメント：lower management」「ミドルマネジメント：middle management」「トップマネジメント：top management」の3段階に分類し、その各層ごとに求められるビジネススキルが変化することを説明した理論なのですが、ビジネスの現場から体系的な学問を経由してアカデミアの世界に転じた私の視点から見るとカッツモデルには改めて膝を打つ示唆を感じます。

カッツはマネジメントに必要な知的ビジネススキルには次のような3つがあることをまず指摘します。

(1) テクニカルスキル：technical skill
(2) ヒューマンスキル：human skill
(3) コンセプチュアルスキル：conceptual skill

テクニカルスキルは一般的には「業務遂行能力」と訳されていますが、これは特定の分野で業務を遂行するために必要な専門知識や技術や手続きのことを意味しています。専門能力を身につけたいといって資格を取得するために勉強するのが典型的なテクニカルスキル獲得への道です。もちろん資格試験に限った話ではありません。たとえば財務諸表を読めるとか、会社法を知っているとか、微分方程式が解けるとか、100メートルを10秒台で走れるとか、つまり「キミはなにができる人なの？」という問いに対して明確な表明が可能で、具体的に「できること」の内容が標準化された能力です。テクニカルスキルの特徴は、このスキルを身につけるためには専門書の1ページから読むという地味な努力が必要となる点です。

第二のヒューマンスキルは、組織で業務を遂行するための「対人関係管理能力」とされていますが、現代風に言えばコミュニケーション能力です。ただし、単にしゃべりがうまいという意味ではなくて、人と人との関係を円滑にして業務を進めたり、チームをビルドアップするリーダーシップのようなものだったり、社内外で広いネットワークを構築できる能力だったり、あくまで仕事に役立つスキルであることが本分です。一方、自分の意見をしっかりと述べることができて、他人の意見に込められた感情をきちんと聞き取って理解できる、むしろビジネスパーソンとして人間的な成熟度

＊6　Katz, R.L. [1955], 'Skills of an Effective Administrator', *Harvard Business Review*, Vol. 33 Issue 1, p33-42.

合がこのスキルには現れます。

いわゆる交渉力もこのヒューマンスキルに含まれると考えられます。ここはカッツモデルに少し私の経験をつけ加えて述べたいのですが、交渉力は必ずしも押したり引いたり駆け引きしてこちらの言い分を相手に飲ませる腕力ではありません。私が見てきたビジネス現場で展開される高度な交渉能力は、交渉どころかむしろ相手とのコミュニケーションが断絶していて、会話すらままならないような緊張関係に陥っている状態でモノを言います。この状態を修復して相手を交渉のテーブルにつかせる段階から始まるのがヒューマンスキルです。ビジネスにおける本来の交渉能力はだいたい負の状態から発揮されるというのが私の経験です。

正直なことを申し上げれば、私はこの特殊能力を昔からかなり得意としてきました。これはひとえに若いころの上司である「クレーム対応の魔術師」と呼ばれたM田課長によって鍛えられた賜物です。

「いいか、宮川、おめえはオレの隣に座ってただ黙ってお客さんの言いたいことをきちんと聞くんだ。そのかわりペコペコうなずいちゃいけねえぞ。メモも取っちゃだめだ。まずは相手にとことんしゃべっていただくんだよ。あとはオレに任せとけ」

相手がしゃべり終わってこちらが辞するころには、どういうわけかM田課長はそのお客さんとすっかり仲良くなってしまい、翌日大きな商売をもらってきたりします。こうしてM田課長は部下の担当企業でクレームが発生すると、まるで法被《はっぴ》を着てお祭りに出かける火消しの親方のようにいそいそとはりきって客先に同行してくれます。私はカッツのヒューマンスキルを読むとき、M田課長のべらんめえ調のセリフをついそこに重ねてしまいます。

さて、第三にくるコンセプチュアルスキルは「概念化能力」と呼ばれていて、ものごとを包括的に理解し、問題の本質をとらえて抽象化・普遍化する能力のことをいいます。このスキルを持つ人の特徴は、ものごとの部分的な側面を細かく見るのではなく、むしろ部分の関係性を理解し、全体像を俯瞰する点にあります。そのうえで、なにが重要なのかという優先順位を大胆にスパッと決めることができる能力がコンセプチュアルスキルです。

M田課長もたまにズバリと本質をとらえた発言をしますが、彼の魔術的な思考プロセスだけはどのように構造化されているのか常に謎に包まれていました。

それぞれのスキルは並列せず階層化する

このようにカッツが説く三つのスキルをとても単純な例で示しますと、たとえば企業の法務部に配属された人はそもそも会社法を知らなければ仕事になりません。会社法のどこにどういうことが書かれているかを理解していることがテクニカルスキルです。そして、この法律にはどのような意味があって、当社が何をする必要があるかを会議で報告して社内を説得する能力がヒューマンスキルといったところになります。「むずかしい内容でもアイツが話すとわかりやすいよね」とか「彼に言われると妙に説得力がある」なんて感じさせる人がだいたい社内にはいるものですが、それはその人のヒューマンスキルがそうさせていると考えられます。さらに、その話を聞いて「条文にはいろんなことが書かれているけど、要するに現在の当社の状況からしてすぐに取りかからなきゃならないことはこれだぞ」とスパッと言い当てる能力、これがいわばコンセプチュアルスキルです。

この三つのスキルについて「まー、そんなもんだよね」と多くの人はだいたい納得できるはずですし、特段の異論もないかもしれません。しかし、私がカッツモデルの慧眼だと思う点は、この三つのスキルがそれぞれ並列したり選択したりできるものではなく階層構造になっていると説いたところにあります。つまり、テクニカルスキルがない人はヒューマンスキルを持つことはできないし、テクニカルスキルとヒューマンスキルを持たない人がいきなりコンセプチュアルスキルを持つことはあり得ません。

カッツに言わせれば、会社法を読んだことないのに（テクニカルスキルがないのに）やたらと話が面白かったり、表現がうまいという人はヒューマンスキルを持っているわけではありません。それは単に飲み会を盛り上げるのが得意な人に過ぎません。また、会社法を読んだこともないし、それを他人に説明することもできないのに「要するに大事なのはここなんだよ」と言う人の能力をコンセプチュアルスキルとは呼びません。ただ単に妄想の激しい人でしかない、ということです（周りを見渡すと会社の中にはわりとそういう人ってたくさんいませんか？）。

実際のカッツモデルは、これら三つのスキルが「ローワーマネジメント」「ミドルマネジメント」「トップマネジメント」の3段階の各層ごとに求められるという、管理者を対象とした内容なのですが（論文ではadministrator「管理者」と表現されています）、それはカッツの論文が発表された当時のアメリカでは製造業のブルーワーカーをいかに管理するかが一般的な研究テーマだったからです。当時のこの分野の研究においてはもっぱら管理者の性格や素養といった人格的な側面に焦点が当てられていたところを、カッツが客観的なスキルに着目をして科学的な調査を行ったという点で非常に新しかったわけです。そのように考えると、現代の企業ではこの三つのスキルはマネジャーにかかわらずビジネスパーソンすべてにとって求められるものと解釈できます。だからおそらくカッツモデルは今でも組織の開発や人材の育成などいろいろなテーマで引き合いに出されるものと思われます。

オールを握るためのテクニカルスキル

体系的なコーポレートファイナンス理論の教科書を最初のページから読む、という地味な勉強はまさにテクニカルスキルを積むことになります。カッツ流に言えば、逆にこの努力を回避して「株主価値とはなにか」という抽象論を語っても説得力は発揮できないし、「要するに株主価値の拡大に大事なのはここなんだよ」という具体的な回答を提示することもできません。

テクニカルスキルを積む努力をせずにただ人の話をチョロッと聞いて自分が10年前

から知っているようなフリを繰り返していたら（実を言うと私は昔からそういうのがかなり得意）、いつまでたっても実践に必要な真理や普遍性と結びつかないということだと思います。となるとテクニカルスキルはスキルと呼ぶより、実践の土台となる基礎理論を構築する能力だと言えます。ヒューマンスキルやコンセプチュアルスキルが問題解決に役立つスキルとすれば、テクニカルスキルは「なぜそのような形で問題が生じているのか」という根本にある文脈や起源を探り当てて問い直すような体系的知識を意味します。この体系的知識がないとオールを握る発想にたどり着きません。

核になる理論をきちんと勉強して知識の体系を獲得していれば、目の前にある現象に置き直して考えたり、あるいは異なる文脈に置き換えたりすることが可能になります。しかし、勉強したことがない人（テクニカルスキルがない人）にはこの照合ができません。自分の意思決定に至った経緯を言葉で説明できないから受験数学の問題を解いているのと同じになってしまいます。それ以上広がることもなければ深まることもありません。つまりは応用が利きません。だからビジネスの世界でもやはり地道に勉強することが大事なんです。これが私がビジネスの現場で経験したカッツモデルの解釈です。このことはビジネスの世界でも、実はアカデミアの世界でもあまり変わらないと思います。

本で読んだことが現場で役立つ瞬間

ヒューマンスキルとコンセプチュアルスキルの土台となるテクニカルスキルを身につけるためには意図的なトレーニングを積む必要があります。言い方を換えると、決まったトレーニングを積めば具体的なスキルが身につくというのがテクニカルスキルの特徴です。ところが、厄介なことはテクニカルスキルを身につける段階にいる人にとって、将来コミュニケーションスキルを経てコンセプチュアルスキルを獲得したら具体的になにができるのかはその時点ではわからないという点です。

「この本を読んで勉強したらなにができるようになるんですか?」と聞くことは、野球部の人に「キャッチボールの練習をしたらなにができるようになるんですか?」と聞くのとおそらく同じです。どちらも実践で(実戦で)起きる複雑な状況に対応できるようになるだろうと、私ならそのように抽象的な答え方をするかもしれません。複雑な状況って? ただし、それはその時になってみないとわかりません。

相手が投げた捕りやすいボールを自分の胸の正面で捕球し、そのボールをまた相手が捕りやすいように相手の胸にめがけて投げ込む、というシンプルな状況は野球の試合中にはほぼあり得ません。しかし、その動作を日ごろから繰り返して腕の振り方とかボールへの指の掛かり具合とかグラブにボールが入るボールポケットの位置とか、そういう知識を経験として持っておく必要があります。基礎となる経験があるから複雑な回転をしたボールが自分の足元に飛んで来たときに捕ることができるし、ベースカバーに入ろうとして走ってきたセカンドの複雑なタイミングに合わせてボールをうまくトスすることができるわけです。キャッチボールという具体的なトレーニングによって抽象化された経験が、目の前の複雑で具体的な状況に瞬間的に照合されるからです。しかも通常その瞬間的な照合は無意識のうちに行われます。

本で読んだことがビジネスで役に立つ瞬間というのは、スポーツで鍛えたように勝手に体が動くというレベルではないかもしれませんが、「あ、これってたしか……」とその瞬間にひらめいたり、後になって「あー、あのことだったんだ」と応用されていることに気づいたりするものではないかと思います。

仏文学者の鹿島茂先生が『大読書日記』[*7]のまえがきで「理由は聞くな、本を読め」

＊7　鹿島茂［2015］『大読書日記』（青土社）

と題して次のように言っています。

読書の効能とは「今になって振り返ってみれば」というかたちで「事後的」にしか確認できないことにある。言い換えると、事後的であるからこれから人生を始めようとする若者に向かって「読書するとこれこれの得があるから読書したほうがいいよ」と事前的にはいえないということだ。

なかなかシビレる文章です。

この講義を受講するとなにができるようになるんですか？

大学にはシラバスという制度があります。大学の教員は、自分が担当する科目について、どのような内容が講義され、どのように評価を行うかといったことをあらかじめ明示することが義務づけれられています。これはだいたい2000年前後くらいから突如として日本の大学に流行り始めたもので、２００７年の文部科学省による規定が正式な根拠とされているようです。ですからそれ以前に大学を卒業した方々にはシラバスなんてあまりなじみがないかもしれません。

シラバスの制度はもともと講師を外部人材から求めることが多く、各講座の独立色が強いという事情を持った米国の大学で行われてきたもので、私が一時期いたシアトルのワシントン大学にもありましたが、ヨーロッパの大学にはほとんどないと聞いています。たしかに講義計画は教員と学生の双方にとってとても大事だとは思うのですが、例によって日本の熱心なお役人シゴトはシラバス制度の導入以来とどまるところを知りません。シラバスの内容はどんどん細かく厳格に決められていき、今やわずかな狂気さえ感じさせるほどの深みにハマっています。

現在のシラバスには記載が求められる項目が「シラバス作成要領」として一律に決まっており、講義の「目的と概要」、「各回ごとの講義内容」、その各回ごとに「事前・事後の学習内容」、「到達目標」、「使用教材」、「成績評価方法」等々といったところですが、とくに「到達目標」の欄には「この科目を受講するとなにができるようになるのか」を具体的に「○○○○ができる・・・ようになる」という表現を使って記載することとなっています（作成要領には本当に「○○○○」と四つの○が書いてあります）。

昨年も私がコーポレートファイナンス理論のシラバスを提出したところ、学内のシラバス担当の部署からメールが来て「〇〇〇ができるようになる、という表現での到達目標の記載がありません」といってシラバスの書き直しを要求されました。私にとっては狂気の沙汰としか思えません。「CAPM理論（資本資産評価モデルというファイナンス分野の知識です）の公式を覚えたらなにができるようになるのか？」って言われてもなあ。それは高等教育とそれを受ける学生が持っている無限の可能性に対する冒とくだと私は強く思っています。この勉強をしたら「なにができるようになるのか」があらかじめ具体的に決まっているのは今のところ自動車教習所くらいです。縦列駐車ができるようになるとか、坂道発進ができるようになるとか。

大学教育はそういうものではありません。なにかを一方的に教えて学生が「できるようになる」ところではなく、私の役割は、学生からなにかを引き出して、一緒に伴走することです。だから学生は学んだ知に対して自らのリアクションを求められます。そのリアクションはもちろん予測を超えて多岐にわたりますが、それどころか、それらがどこに向かうのかさえ一時的にはわかりません。だから私のようなプロの伴走者が必要になります。私の学術的専門性と学生の可能性を最大限コーディネートするために、大学の教室はかなり懐の深さを持ったものでなければなりません。

私が社会人大学院の修士課程に入学した最初の講義のときに、ある老教授がこう言いました。

「キミたちね、これから2年間でね、そうだな、最低でも2トントラック一杯分くらいの本を読んでもらうことになるからね」

私はこれを聞いたとき言い知れぬほどスカイハイな気持ちになり、なるほど大学院という高等教育機関はまさに学問の世界の広大さと深遠さを思い知る場所なんだと悟りました。大学のキャンパスは、自分の目の前に果てしなく広くて深い空間が広がっていて、そこで走ったり転んだりしながらどこまで遠くに行ってもいいんだという開放感と、だけどいつなにが目の前に現れるかわからないという神秘性の両方を思う存分に味わえる空間でなくてはなりません。もしも、あのときこの老教授が「私の講義を受けるとね、そうだな、具体的には○○○○ができるようになるんだよ」と言ったとしたら、今の私はありませんでした。

ただし、「2トントラック一杯分」はこの老教授の間違いで（ひょっとしたら私の聞き間違いかも）、2年間でそれほどの量の本を読むことはかなりの速読者でも不可能です。「2年間で2トントラック一杯分」の読書量とは、だいたい400ページの文庫本なら一日およそ14冊、上下合わせると1600ページあるブリーリー／マイヤーズ／アレンの『コーポレート・ファイナンス』のようなハードカバーの教科書だと一日およそ3冊を毎日読まなければ修士課程を修了することができない計算になります。老教授、なかなかふっかけたものではありますが、この「2トントラック」発言は、多くの学生にとってその後の学びの姿勢を変えたはずです。今でも筑波の同窓会ではこのことが話題になります。「あれは刺激的だったね」と。

学べばなにものかに変貌できる

大学の講義はテクニカルスキルを身につけるための典型的なひとつのトレーニングの場かもしれませんが、講義を聴いている途中でそのスキルがコミュニケーションスキルとなり、コンセプチュアルスキルに発展するかもしれませんし、10年後にそうなるかもしれません。ただし、そこで得たものがどのようなものに変貌していくかは個人によって異なります。大人も含めて大学生以降の学びは、高校までの勉強と違って、ただ単に数学的に知識を増やすことではなく、なにものかに変貌することではないかと思います。

2トントラックをたとえにした老教授の示唆は「それだけの本を読むとどうなるかって？　それはキミ次第だよ。確実に言えるのはキミの中になにか変化が起きるはずだ。ただし、それがどういう変化でいつ起きるか私にはわからないがね」ということだったと私は感じました。それは大学院を修了した私自身がそうであったように。

おそらく高校生までは受動的な理解力とか飲みこみの速さがある程度の勝負を決めます。もちろん理解力とか飲みこみの速さは後々も重要な武器になるのですが、しかし、私が大学で扱っているもの、そしてビジネスの世界で扱ってきたものはすぐに飲みこめてすぐにできるようになるものばかりではありません。すぐには飲みこむことができないので、大学の研究室の中を師匠と一緒にあっちへ行ってみたり、こっちへ行ってみたり、ウロウロ歩き回ります。そのさまよい歩いたことの意味がずいぶん後になって少しずつじわじわとわかりだし、想像もしなかった別のものに変わっていくことがあります。そして、ようやく理解できるようになったとき、自分がかつて見てきたものは全体の中のほんの断片にすぎなかったことに気づきます。ビジネスもまったく同じで、このプロセスをたどって自分は力をつけてきたのだろうと今になって感じます。

それにしても教養科目にしろ専門科目にしろ「〇〇〇〇ができるようになる」とい

うストックフレーズで統一されたシラバス集は考えただけでもかなりグロテスクです。私は高等教育のあり方について、ここはひとつきちんと議論しようと考え、くだんのメールを送ってきたシラバス担当者に電話をすることにしました。できれば直接会って話を聞こうと。ところが、内線電話に出たそのメールの送り主である当該シラバス担当者は（私の記憶が正しければ）、人材派遣の会社から大学に派遣されて、つい最近の異動で現在の部署に来たばかりの方でした。聞くところによれば、渡されたマニュアルを見ながらそれに従っていないシラバスの表現を見つけては担当教員にメールを送るのが彼女の仕事だということです。そのマニュアルもどこから送られてきたもので、だれが作ったものかはわからないと困惑しながらも打ち明けてくれました。彼女はついでに、東京に霞が関というところがあって、文部科学省と書かれた立派な建物があるから、そこに行けばひょっとしたら私の疑問にだれか答えてくれる人がいるかもしれないという有益なアドバイスをくれました。

それ以上のことを彼女に相談するのは気の毒だと思った私はコーポレートファイナンス理論のシラバスの到達目標に「この講義を受講したら縦・列・駐・車ができるようになる」と最後に書いて「シラバス修正完了」のメールを返信しました。しかし、どこの部署からもなにも言ってきませんでした。しばらくは私もそのことをすっかり忘れていたのですが、かろうじてシラバス公開の前にたまたま気がつき、さすがの私でもこれはちょっとまずいだろうと感じたので、その縦列駐車の一文ごとシラバスから削除しました。しかし、その後は二度とシラバス担当者から私のシラバスに対する建設的なコメントも画期的な助言も、やはりありませんでした。

第3話

セールは衝動的に張られ、オールは冷静に握られる

――煩悩《ぼんのう》のヒューリスティック

現在は大学の先生という職業柄もありますが、私は投資銀行やコンサルティングファームにいたころから人にモノを教えたり、人前でなにかを説明したりすることが心の底から大好きでした。場合によっては見知らぬ人に道を尋ねられただけでもハリキッてしまいます。根っからのサービス精神体質といいますか、どこから話を始めてどのような順序で話を進めればわかりやすいか、相手が腑に落ちるプロセスを考えることに興奮を覚えます。

人が腑に落ちたり、説得されやすくなる話というものは、だいたいわかりやすい因果律でつながっているものです。なにが原因でこの結果がもたらされたのか、この主張はなにを根拠としたものなのか、といった因果関係が意識的に明らかになっている

話は、自分が聞く立場になっても退屈しません。私が専門にしているコーポレートファイナンス理論は、ともするとむずかしい数式が出てきて、その公式を使って複雑な計算を行うという、人によってはグロテスクな印象があるかもしれません。しかし、コーポレートファイナンス理論も実はすべてがわかりやすい因果関係でつながっています。なぜその公式にこの変数を入れなければならないのか、この公式を使うと一体なぜその答えが出るのか、むずかしそうに見える数式の背後はだれもが腑に落ちるエレガントな仕組みでき上っています。

しかし、一方でなにに対してもだいたい疑り深い私は、人からなにか説明を受けるとき、あまりにもわかりやすく美しい因果関係を提示されると「本当かな？」と怪しみます。これからしばらく本書のキーワードは「因果関係」になるのですが、人間には冷静にものごとを考える思考力と衝動的に体が動く行動力の二面性があります。どちらがいいとか悪いとかではなく、この二面性は人間の進化にとって欠かせないものでした。しかし、その二面性の存在が正確な因果関係を抽出するのにときどき邪魔をすることがあります。体が勝手に動くように衝動的な判断を行う方法を広くヒューリスティックと呼び、その結果起きる誤った思いこみを広くバイアスと呼びます。

とくに私のような立場にある人間にとって衝動的な思いこみの罠には注意が必要で

す。人になにかを教えるとき、そのストーリーが自分でも気持ちイイくらいよくできたものに仕上がったときは、きびしく疑いの目を向けなければなりません。だから私は講義ノートにいいアイデアが浮かぶと定期的に師匠の伊藤先生を尋ね、自分の講義内容や資料を説明しながらどこかに間違いがないかアドバイスをいただきます。この歳になっても親離れできない状態が続いている次第ですが、自分でなにかを思いついたとき、「この人ならどう考えるだろうか」とついぶつけてみたくなるのが師匠です。私が大学院生の時代から同じなのですが、伊藤先生は研究室で私の説明を聞きながら「んー」と唸るように小さく頷くのが癖です。「んー」の後に、再びうめくような声で「……なるほどぉ」と小さく返ってくると相当にイイという感触、そして「んー。……これは……なんとも……おもしろい」と微妙な間をとりながらつぶやかれるとガッツポーズが出そうになります。

しかし、その後に師匠は私の資料に目を落としたまま「この中でちょっといくつか教えてもらいたいのですが」と研究室のホワイトボードに向かって板書しながら、まさに「的を射る」とはこういう時に使う言葉なんだなと改めて思い知らされるような指摘(「ちょっといくつか教えてもらいたい」と言っておきながらもはや質問ではない)が次々と私に投げかけられます。それらはすべて私が心の中で少し不安に感じていた点、やや理解が不足していた点、ちょっとだけごまかしてしまった点で、師匠はそれらを絶対に見逃すことがありません。あたかも精巧な照準器を使用して狙いを定めたかのように、ズバズバと鋭くえぐりまくりやがります。その鮮やかさはもはや私にとって「キターッ！」という快感に近いものがあります。

――大阪城公園殺人事件のナゾ

さて、今回は本題に入る前に、ちょっと意地の悪いクイズにチャレンジしてみてください。これは、私がワシントン大学にいたときに同僚の先生から教えてもらったネタで、元ネタは心理学分野の著書Gigerenzer［２００２］[*8]にあるのですが、それを私がデフォルメしてクイズに仕上げたものです。

*8 Gigerenzer, Gerd [2002], *'Calculated Risks: How to Know When Numbers Deceive You'*, Simon and Schuster, New York

大阪城公園で殺人事件が起こりました。警察の調べによると、どうやら酔った勢いでケンカとなり、殴られた被害者は打ちどころが悪く、そのまま死亡したということです。ほとんど目撃情報がなく、ただ関西弁で言い争いをする声が聞こえたという人がわずかにいる程度でした。

広い大阪城公園でたったそれだけの情報しかありませんから、この事件は迷宮入りになるのではないかと危ぶまれましたが、その後の調べで被害者の衣服に加害者のものと思われる血液が付着していることが明らかとなりました。刑事ドラマなどではよくある話ですが、これでこの事件は解決するだろうと思われました。ところが、なんとあなたのところへ警察がやってきて「ちょっと署までご同行願います」と言います。

あなたはそのまま起訴されてたちまち裁判となりました。そして、裁判所から召喚された専門家は「あなたの血液が加害者の血液とたまたま一致したものだという可能性は10万分の1しかありません。つまり、あなたが加害者である可能性は99・999%です」と証言しました。

さて、動かぬ証拠を突きつけられたあなた、この絶体絶命の窮地をどのようにして切り抜けるでしょうか？　証言台に立ったこの専門家に対して反論を述べてください。

1分間だけ考えてみてください。あなたに身に覚えがあるかどうか、それはどちらでも構いません。もしも身に覚えがあるならば、もはや「お縄ちょうだい」と観念するかもしれません。あるいは、もしも身に覚えがなかったとしたら、世の中にある冤罪事件というものはこうして起きるものなのかと自らの人生をはかなむしかないかもしれません。

しかし、ここでちょっと注意を払わなければならないところは「10万分の1」という確率です。あまり日常的ではない数字なので瞬間的に圧倒されてしまいます。しかし、たとえば大阪市の人口を考えてみます。大阪市の計画調整局によれば、２０２４年12月1日時点での大阪市の人口は２７９万５５６２人です。10万分の1という数字に最初は驚きましたが、大阪市の人口規模を思い浮かべればこれは大した数字ではないことに気がつきます。あなたが「10万人に1人」の精度で加害者だというなら、あなたと同じ条件の人は大阪市だけで28人くらいは存在することになります。ケンカして殴るくらいだから男性だとしてもその半分の14人くらい、さらにはその中で子供を除くとすれば日本の15歳未満人口は12％程度ですから、あなたと同じ条件を持つ人は少なく見積もっても12人くらいはいるはずです。つまりあなたが加害者である可能性は99・９９９%ではなくて、せいぜい12分の1たかだか数パーセントの確率ということになります。

大阪城公園で「関西弁で言い争っていた」ということですから、大阪府にまで広げるなら大阪府の統計局による２０２４年12月1日時点での大阪府の人口、約８７７万人の数値を持ち出せば、この血液の証拠のみであなたが犯人になるなんてあり得ないことがわかります。

多くの人は直感的に「10万分の1」という普段はあまり使うことのない数字の大きさに圧倒されてそこで思考を停止してしまいます。われわれはついつい数字はウソをつかないと考えがちですが、Gigerenzer（２００２）は数字を根拠になにかの結論を導く場合はかえって注意が必要だと指摘します。[*9]

人間が持つ思考の二面性

しかし、このクイズにうまく答えられたからアタマがいいとか答えられなかったからザンネンという話ではなく、このクイズの示唆するところは、人間にはものごとを直感的にとらえて衝動的に判断するクセと冷静な思考を巡らせて論理的で意識的な判断を選択するクセの二面性が常にあるという点です。

心理学の分野では前者の直感的な思考を「システム１」、後者の論理的な思考を「システム２」と呼んで人間が持つ思考の二面性を区別します。システム１の思考は自動的に高速で働き、ほぼ努力は不要ですが、システム２の思考は意識的な注意力や計画性を必要とします。

たとえば、突然大きな音が聞こえたのでハッとしてそちらのほうに顔を向けるときはシステム１が働いていますが、その音がなんの音だったか、自分の記憶をたどって思い出すときはシステム２が働きます。あるいは、まったく車のいない高速道路の直線道路を運転するときはシステム１で十分に可能ですが、縦列駐車を行うときはシステム２が必要となります。カッとなって相手の胸ぐらをつかむのはシステム１のせい

＊9　もっともここで設定されている「10万分の1」という血液鑑定の精度はあまりにも低すぎます。仮にこれがＤＮＡ鑑定だとすれば、警視庁によるとＤＮＡ鑑定は約４兆７０００億人に１人という確率で個人識別ができるとしています。

で、怒りに震えながら気持ちを抑えて礼儀正しく振る舞わなければならない場合はシステム2の機能に頼ることになります（システム2が機能した結果「相手の胸ぐらをつかむ」ことが合理的だと判断する場合も時にはあるかもしれないけど）。

だから、「10万分の1」という普段あまり考えない大きな数字を見て「あー、もうだめだ！」と直感的に衝撃を受けるのはシステム1が働いたせいで、「10万分の1」と聞いてその数字を大阪市の人口と比較することによって「大して致命的な数字ではない」と解釈できるのはシステム2のおかげです。「私は最初からこのクイズの正解、わかったよ」という方、ただ、よくよく考えてみると、この広い大阪市のなかで犯人が12人に絞られていて自分がその1人に入っているという状況は、それはそれでかなりマズイことが自分の身に起きていると感じるべきだと思います。そのためにはシステム2の機能だけでは足りないかもしれません。

システム1とシステム2という呼び方はもともとキース・スタノヴィッチとリチャード・ウェストが2000年に発表した心理学分野の論文[*10]で初めて使われたと言われています。しかし、なんといっても2011年に発行され、たちまち大ベストセラーとなって一世を風靡したダニエル・カーネマンによる著書『Thinking, Fast and Slow』[*11]以来、システム1とシステム2の思考は多くの分野でポピュラーな扱いを受けています。

認知心理学者であり、行動経済学者でもあるカーネマンはこの二つのシステムの違いに着目し、人間の判断プロセスに関するさまざまな研究成果を残しました。私の専門分野であるファイナンス理論も彼の研究に大きな影響を受け、行動ファイナンスという新しい研究分野を生み出しています。カーネマンは同僚のエイモス・トゥヴェルスキーとともに認知バイアスの研究を数多く行い、その貢献によって２００２年にノーベル経済学賞を受賞しました。共同研究者だったトゥヴェルスキーは残念ながら受賞の６年前に亡くなっています。

もちろん本書は心理学や行動ファイナンスをテーマにしているわけではありません。ただ、この二つのシステムはセール（帆）を張る発想とオール（櫂）を握る発想に重なります。そのことを知っていればビジネスの現場で得た経験や自分で勉強して得た知識をもっとうまく応用できると私は考えています。

＊10 Keith E. Stanovich and Richard F. West [2000], "Individual Differences in Reasoning: Implications for the Rationally Debate", *Behavioral and Brain Science* 23, 645-665

＊11 Daniel Kahneman [2011], '*Thinking, Fast and Slow*', Penguin, London

あの人の話には説得力があると感じるのはなぜか？

私はバリバリのビジネスの世界から科学の世界へと迷い込んだわけですが、最初に私が直面した問いは「科学」とは一体なにかというものでした。新型コロナ（COVID-19）が蔓延していたころにはよく「科学的な見地から」とか「科学的な証拠がない」とか「科学的」という言葉がしょっちゅう用いられました。科学の定義にはいろいろな考え方があるのですが、ここではそれをギュッと凝縮してわかりやすく表現することにして、要するに因果関係に基づいてものごとを考えるとひとまず「科学的・」になります。

なにが原因でこのような結果がもたらされたのか、相手が主張していることはなにを根拠としているのか、といったことを意識的に考えるところから始まるのが科学です。つまり、システム2の働きとの親和性が高いと考えられます。

ここで先に言葉の定義を決めておきたいのですが、まず、限られた情報や状況の中から一旦発見された因果関係のことを「仮説」と呼びます。そして、その因果関係に対して客観性を与える、つまりその因果関係が客観的に成立していることを科学的な手続きによって確かめる作業を「検証」と呼び、何度も実験を繰り返して検証に成功した場合、最終的にその因果関係からもたらされる法則のことを一般的に「理論」と呼んでいます。「論理」という言葉がありますが、これは因果関係のつながりや筋みちと理解することにしましょう。

「彼の話はいつも論理的だ」
「彼女の話には説得力がある」

人はどういうときにこう感じるのでしょう。それは因果関係に着目をして、なにが原因でこの現象が起きているか、自分の主張はなにを根拠にしているか、という手順で話ができるかどうかです。人は因果関係を持ち出されると説得されやすくなります。原因と結果、主張と根拠、これをきちんと分けて話をするとたちまち科学的になります。

私がまず主張したいことは、ビジネスの現場に「もっと科学的な思考を！」というテーマです。それはなんでも数字によって管理するという意味ではありません。単純な数字を根拠にする危うさは先ほどのGigerenzer［2002］のクイズでお話ししたとおりです。ファイナンス理論の分野には、多くの研究者の貢献によってさまざまな理論がすでに存在しています。このような理論を数多く知っておくこともちろん大事なことですが、常に目の前の現象を科学的にとらえる習慣を意識の中に持っておくほうが実務家にとってはより重要です。

なにが原因でうまくいったのか、なにが原因でうまくいかなかったのかを明確に分析する習慣がついている人は意味のあるかたちで経験を蓄積することができますし、また、軌道修正をする場合にもどこを修正すればいいかがわかります。これがオールを握っている状態です。因果関係に着目するなんてあたりまえのことのように思われるかもしれません。しかし、実際には多くの人にとって、目の前にあふれる情報からの刺激のなかで、原因と結果に焦点を当ててじっくりとモノを考えることがむずかしくなっています。その結果、かえって無駄な時間を浪費してしまいます。実践は具体的でわかりやすく感じる一方、理論は抽象的でわかりにくいからです。

論理学という学問分野では、極限まで一般化されたものを理論ととらえます。いわば数学の方程式のように抽象的で無味乾燥なものです。「理論を実践に応用する」などとよくいわれますが、それは方程式に具体的な数字を代入するようなものですから、やろうと思えば多くの人ができます。しかし、さまざまな経験を理論として自ら抽象化できる人は限られているように思います。

この人だけには太刀打ちできないと感じるのはなぜか？

「理論と実践」という対比はもともとの由緒を正すとアリストテレスに遡ります。「すべての人間は、生まれつき、知ることを欲する」という有名な一節から始まる『形而上学』[*12]では、ものごとを知っているとは「それのなにゆえにそうあるかについて」知っていること、「すなわちそれの原因を、認知していること」と定義しています。アリストテレスは、理論を知っている人を「技術家」、実践を重んじる人を「経験家」と呼んで「経験は個々の事柄についての知識」であり、「技術は普遍についての知識」であると対比させます（カギ括弧内はわかりやすくするため筆者が一部修正）。そして、ものごとを「知る」とか「理解する」という概念は経験（実践）ではなく技術（理論）に属するものであって、実践はものごとの事実を知っていることを意味しているにすぎず、理論はものごとがなぜそのようになっているのかを説明できる点で優って

*12　アリストテレス［２０２２］（出隆：訳）『形而上学（上）』第68刷（岩波書店）

いる（知者である）と言います。

アリストテレスに倣えば、セールを張ることは個々の事柄についての知識を得ることであり、オールを握ることは普遍についての知識を得ることです。ただし、アリストテレスが「経験家」を批判しないのと同様にセールを張ることもまた必要な能力です。

アリストテレスの主張を私なりにデフォルメして解釈すると図のようなイメージです。理論が真ん中にあって実践が周りを取り囲んでいます。理論は抽象的でわかりにくい技術（普遍についての知識）で、実践は常に具体的でわかりやすい経験（個々の事柄についての知識）です。

自転車のスポークのように、ハブとなる

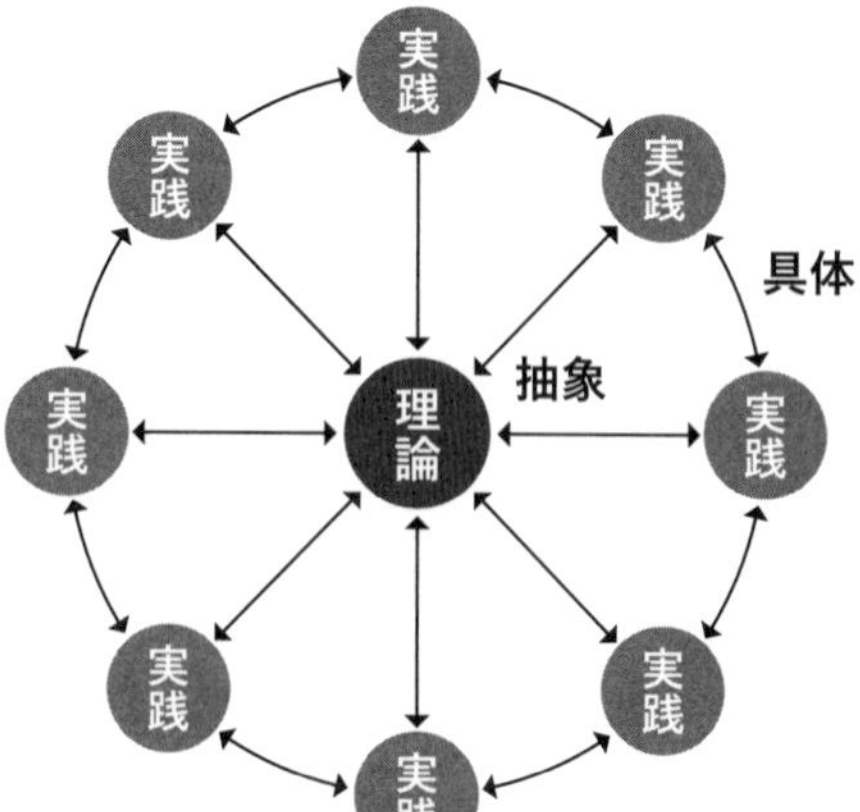

理論と外側の実践の間を往復できる人、つまり実践を経験すると「なにが原因でうまくいったのか、なにが原因でうまくいかなかったのか」というように実践を抽象化して理論に向かう人は、その理論をもとに実践を経験します。そしてまた再び抽象化して理論に向かう、というように抽象と具体の間を往復しているうちに自分なりの理論（因果関係からもたらされる法則）を持つようになります。

実務家にとって豊富な経験は圧倒的に大事なことですが、若者に「この人だけには太刀打ちできない」と思わせる人は、場数を踏みながらその経験を抽象化して自分の理論を深めているような人です。そういう人は場数を踏むたびに「あー、あのことだわ」と言いながら目の前の現実と理論を照合して因果律のデータベースを自分の抽斗《ひきだし》の中に積み重ねていくことができます。「これまた次に使えそうだな」というように。

つまり経験を積むだけでは差がつきません。具体的な経験を理論のレベルまで抽象化できる手立てを根底に持っているかどうかが重要です。一見すると初めて出くわしたように見える問題も、瞬時に自分の抽斗をさぐる基本動作が身についている人は「あ、これ、どこかで見たぞ」という気持ちになって、何らかの方法論もしくは少なくともこういう時に優先してやらなきゃいけないことや絶対にやってはいけないことを持ち出せます。私がいた当時の投資銀行には、「この人だけには太刀打ちできない」

と思わせるデキるオヤジがいたものです。

そういうオヤジが行う意思決定は、それが直感的に見えても背後には深い論理が存在しています。だから、このタイプの人が上司だと、なにか問題が起きたときに飛んでくる指示が的確です。まずなにを優先しなければならないのか、なにが必要でなにが無駄か、目の前の具体的な現象に対して、考え始めるべき出発点（図の中ではハブになっている理論）をブレずに持っている実務家はやたらとその強さを発揮します。

逆説的に聞こえるかもしれませんが、ブレない出発点つまり理論を持っている人は実はものごとを多面的にとらえることができます。一見多面的にとらえているように見えても根っこがない人の多面性は単に思いつきの選択肢を増やしているだけで行き当たりばったりなものになってしまいます。なぜならものごとを抽象化レベルで理解している人には個々の具体性が見えていますが、個々の具体性だけしか見えない人には抽象化レベルが見えないからです。

だから図の中で理論と実践との間の動きではなく、常に実践だけを繰り返して周囲をグルグルまわっている人、この人はいくら経験豊富でもよほど動物的な勘を備えていない限り、リーダーとして組織に的確な指示を出すことができません。自分の中に抽象化された（応用可能な）基準がないため、指示は常に行き当たりばったりとなります。よく政治家などが発するセリフですが、「やれることはなんでもやる！」などは典型です。精神論に満ちた「シゴトしてる感」は時として人を陶酔させ、あるいは無批判に同調せざるを得ない雰囲気を作ります。しかし、肝心の指示は思いつきでバラバラに出されるため、その指示を受けた各部署ではもちろんうまくいくわけはなく徒労が積み上がっていきます。起きた問題は解決の糸口がないままにやがて組織は疲弊していくことになります。

このタイプの上司は、個別の実践がうまくいくと「よっしゃ、よくやった！　今晩はぱぁーっと飲んでお祝いしよう」ということになり、うまくいかなかった場合は「まあ次があるさ。今晩はぱぁーッと飲んで忘れよう」と言いながら毎晩飲んでいる人です。上司に持つにはともかく、人間としてはひたすら愛すべき人です（私はこういう人が実は大好き）。ただし、私の経験から申し上げると、この毎晩飲んでいるタイプの人の中には魔術的な勘を持つM田課長（以前も登場した私の若いころの上司）のような人がときどきいます。彼は実践ばかりで理論とは縁遠いはずなのに、やたらと鋭い勘が働き、絶対にハズしません。やはり科学では説明できない謎がビジネスの現場には転がっています。

思考が散乱するメンタルショットガンの罠

人が因果関係を持ち出されると説得されやすくなる理由には先のシステム1が関係します。システム1は頼まれもしないのに常に絶えることなく高速で情報処理を行っています。ある意味この能力があるため人間は進化を遂げてきたと言えるかもしれません。目の前に現れた相手が友好的なのか敵対的なのか、釣れた魚が食べられるのか毒を持っているのか、藪の中から出てきた動物が危険な動物なのか安全なのか、……目に見えているものを脳がとらえ、その形状や特徴や置かれた位置を、なにも努力することなく瞬時に把握します。システム1は起きている間はずっと休むことなく働き続けます。

マーク・サイデンバーグとミカエル・タネンホースが1979年にコロンビア大学の学部生を対象に以下のような奇妙な実験を行っています。[*13] 教室にいる学生88名は手に押しボタンを持たされ、一対の英単語が発音されるのを聴きます。そして、その一対の英単語が韻を踏んでいたらボタンを押すという指示をし、その反応時間を計測します。

(1) plate − gate　plate − freight
(2) vote − note　vote − coat

たとえば上記にあるような一対の単語です。

教室ではこのような英単語の組み合わせ数十組が発音されます。被験者の学生は紙に書かれたものを見るのではなく、音声のみを聞かされます。多くの人はピンとくると思いますが、これらはわれわれ日本人にとっては英語の試験でおなじみの二重母音です。ネイティブであるコロンビア大学の学生であれば迷わずボタンを押すはずです。ところが、コロンビア大学の教室では(1)の「plate - gate」に比べて「plate - freight」はボタンを押すのが一瞬遅れ、同じく(2)の「vote - note」に比べて「vote - coat」が一瞬遅れます。学生はただ単に音を聴いて韻を踏んでいるかどうかを判断すればいいだけなのですが、英語のネイティブである学生たちは音だけでなくついついスペルを頭に思い浮かべてしまうため、その分だけボタン

＊13　Mark S. Seidenberg, & Michael K. Tanenhaus, [1979]. "Orthographic Effects on Rhyme Monitoring", *Journal of Experimental Psychology: Human Learning and Memory*, 5(6), 546-554.

を押す判断に時間がかかるとサイデンバーグとタネンホースは説明します。

要求されているのは音を聴いて比べることだけなのに、自然とスペルまで思い浮かべて比べるという余計なことをしてしまう、つまりシステム1はシステム2が命じたことだけに集中することができません。システム1は頼んでもないのに勝手に作動してしまうわけです。日本語で書かれた文章を渡され、読点の数を数えるように指示されると、日本人は読点の数に集中せずについつい文章を読んでしまうため日本語が読めない人のほうが早く数えられます。

このように人間は常にたくさんの情報処理を同時に行ってしまい、ひとつのことに集中できずいろいろなことを次から次へとバラバラに思考を発散してしまいます。ダニエル・カーネマンはこの現象を散弾銃にたとえて「メンタルショットガン」と呼びます。ショットガン（散弾銃）は、弾丸が放射状に幅広く発射されて一定範囲に散乱する構造になっているため、照準を合わせて狙い撃つことができません。もともと人間は集中力に欠ける動物なんです。

朝、電車に乗って会社に向かうときもそうです。急いで電車に飛び乗って「さて、会社に着いたらまず今日の会議の資料を確認しなきゃな」と思った次の瞬間、「さっきから隣のおばさんたち、ずっと大きな声でしゃべってるなあ」「おっ、窓際に立ってるあの女性、きれいな人だ！」「おやおや、女子高生の集団が乗ってきたぞ。朝からなにがそんなに楽しいんだよ、騒がしいなあ」と、次から次へとなんの役にも立たない情報処理を自然のうちに高速で行ってしまいます。そのうちハッと気がつくと「おいおい、勘弁してくれよ、よく見たらここ女性専用車両じゃないか！」

──「ヒューリスティック」という思考のクセ

ダニエル・カーネマンが紹介しているもうひとつの実験をお見せします。図のように長さが不ぞろいの６本の棒が描かれた紙を教室に集めた被験者の学生に渡します。ある教室には６本の棒の「平均の長さ」を答えさせ、ある教室には「合計の長さ」を答えさせます。もちろん定規で測るのではなく、瞬間的な勘で素早く答えてもらいます。

さて、この図に書かれた６本の棒を見て平均を答える教室と合計を答える教室、どちらかの教室がおしなべて速くて正確だとしたらどちらでしょうか？　平均は一度すべてを足し合わせてから６で割るけど、合計は足し合わせるだけで済むので手間が半分だから早いし間違いも少ない？　たしかに合計する手間は平均の半分の手間で済みます。はたして実験の結果、答えは逆で平均のほうが速くて正確でした。

6本の棒を一度すべて足し合わせてから6で割るためにはシステム2に頼る必要があります。しかし、瞬間的に勘で答えなければならない場合はシステム1がすぐに起動します。システム1は、つまり普通の人はそういう面倒なことをしません。6本の棒の中からまずだいたいこのあたりが平均に近いだろうと思われる1本の棒を選び、他の棒を見ながらそれより長いか短いかでおおよそ平均の当たりをつけるというのが普通の人のやり方です。一方、合計を答える場合、1本1本を足していくためにはシ

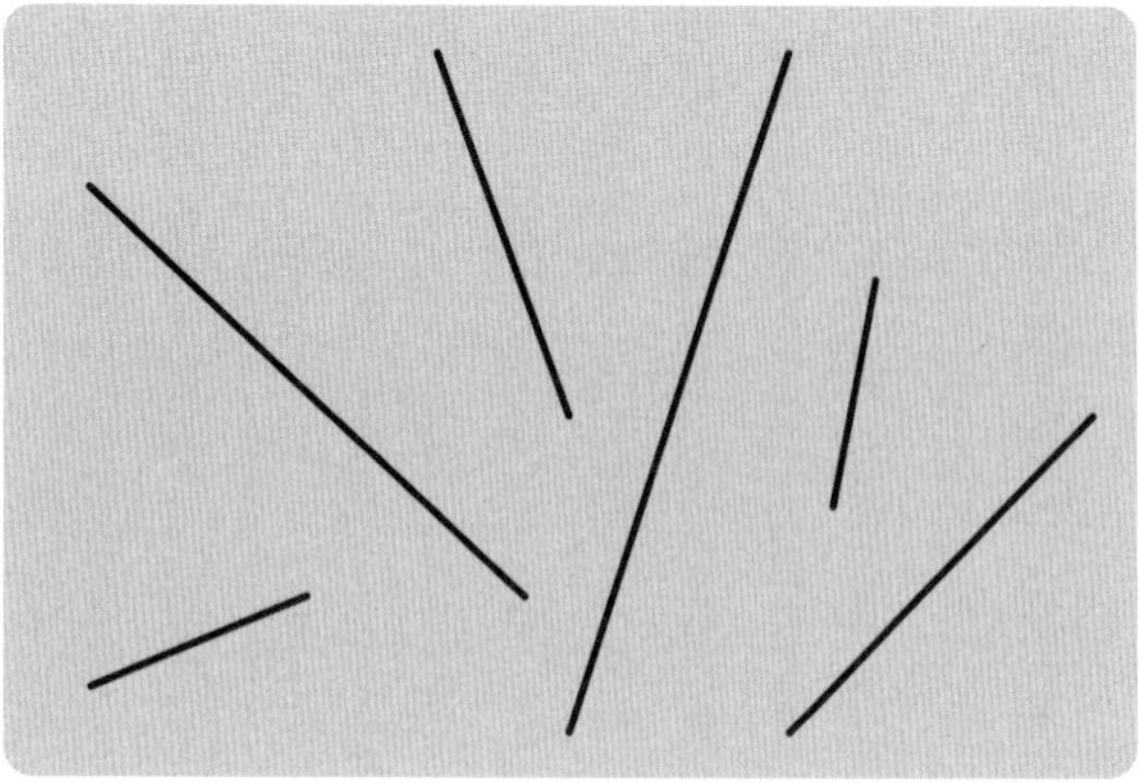

ステム2が必要で、システム1では対応できません。

システム1は時間がかからず（カーネマンはthinking fast「早い思考」と呼んでいます）、システム2には時間が必要です（同じくthinking slow「遅い思考」）。人間は何らかの意思決定を瞬時に行わなければならないとき、通常完璧な分析はせずに簡略化したthinking fast「早い思考」で対応します。そのおかげで、われわれは過去の経験則や記憶を用いて即座にものごとを判断したり、複雑な問題を自分に理解できそうな簡易的な問題に置き換えて効率的に判断することができます。そして、正解とは言えなくてもその場に必要なある程度正しい解を発見しようとします。

このように人間特有の思考方法をヒューリスティックと呼んでいます。カーネマンは、これは人間の持つ思考のクセだといいます。ヒューリスティックによって人間は脳にかかる負荷を常に軽減させようとしているというのが心理学の解釈です。

合計と平均を答えさせた実験はそういう人間が持つクセを証明したものです。平均を答えるときは、被験者は6本の棒を見た瞬間に平均に近い1本の棒を選びだすことができます。つまり自分にとって容易に理解できそうな都合のいい典型に置き換えて、その典型が複雑に並んだ6本の棒のカテゴリーを代表するものだと一般化して対応することができます。そういう思考のクセを発揮できるから、普通は瞬間的に平均を答えることができても合計を答えることはできないというわけです。

ここには重要な一つの示唆があります。人は常日ごろさまざまな思考――さしてこだわりのないバラバラなアイデア――をショットガンのように散乱させて集中力を欠いた状態にあるのですが（メンタルショットガンの状態）、自分にとって都合のいいわかりやすいアイデアを出されるとふらふらっと簡単に飛びついてしまいます（代表性のバイアスと呼ばれます）。これが、因果関係を持ち出されると人が説得されやすくなるメカニズムです。

凶悪事件が起きたとき、多くの人がニュースを見て不安に駆られます。「こんな片田舎ののどかな村でなぜこんな事件が起きるんだろう？」「こんなひどいことするなんて犯人は一体どんな人間なの？」とショットガンの弾が幅広く散るようにいろいろな方向へ直感的な想像を散乱させますが、テレビのワイドショーに出てきた犯罪心理学の専門家が語る解説を聞くと、たとえそれがちょっと薄っぺらい内容だとしても「なるほどそういうことか」と、深く考えることなく簡単に納得してしまいます。

システム1は正しい答えを出すには限界がありますから、人はシステム1が生むさまざまなヒューリスティックによって判断を間違えることになります。こうしてヒューリスティックが生んでしまう人間の偏った先入観や思いこみ、思考のゆがみのことをバイアスと呼んでいます。バイアスについてはまた改めてお話しするとして、サイドストーリー②をお読みいただいた後の第４話では、まず因果関係の道すじがどのように構成されるのかについて考えましょう。

サイドストーリー②

——セールを張るための勉強とオールを握るための学び

まったく勉強しない人がいなくなった世の中

リスキリングやリカレントといった表現に象徴されるとおり、どうやら最近の社会人は勉強好きのようです。しかし、私の経験から言うと今に始まったことではなく、昔から会社に入っても自ら座学としての勉強をしないとやっていけませんでした。とくに私がいた会社はみんなよく勉強したし、よく勉強させられました。今のような立場になると言いにくいことではありますが、20代のころの私は毎晩遊んでばかりいました。

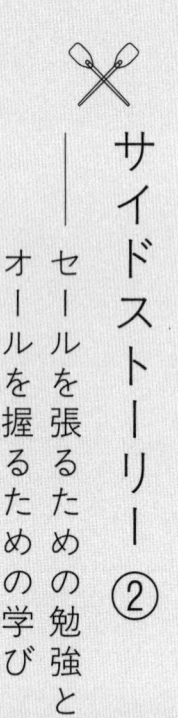

ただ、考えてみるとかつてと違って今ほど社会人が勉強するための環境が整っている時代はありません。論文を読もうと思えば、大学の図書館の広い書庫の中からようやく目当てのジャーナルを探し出してせっせとコピーして持って帰る必要もなく、インターネットで検索すれば多くの論文があっという間に手に入るし、本を探すにも書店に出かける必要もなければ神田の古本屋を回る必要もありません。英語が不得手であればどんな論文だって瞬時に翻訳してくれるし、必要な統計やデータも親切なサイトであればそのままエクセルで取得することさえできます。広く世の中にあふれる情報は、中身の信頼性は別として、とりあえず手のひらのタブレットにサクサク集めて整理することができます。

さらには勉強することに対する世の中の印象も変わったように感じます。勉強ばかりしていると昔は「ガリ勉」とか「頭でっかち」とか、あまりポジティブな言葉では表現されませんでしたが、今は正々堂々と勉強することが（ヘンな言い方ですが）正当化されているようにも思います。社会人も勉強することによって将来の選択肢を広げることが可能な世の中にもなっています。最近のこのような環境下にあってはそもそもまったく勉強しない人なんていないのではないかと思うほどです。

一方で、勉強する環境が整いまくるだけに、かえってものごとをじっくりと深く静かに考える余裕が奪われているようにも思います。つまり、格段にセール（帆）が張りやすく、反面で格段にオール（櫂）を握るきっかけを得にくいのが、現在の環境と言えるのかもしれません。

ジョブ型システムを前提にしたリスキリング

日本でリスキリングという言葉が市民権を得るようになったきっかけは、おそらく2022年10月の岸田元首相の所信表明演説だと思います。リスキリングの支援に5年で1兆円を投じるとの高らかな演説はメディアでもことさらに報道されましたが、当初はその唐突さのあまり、異常発生した野生のリスの駆除（キリング）に大変な予算がかかるんだなと誤解した方が多かったかもしれません（おそらくほとんどいないと思うけど）。

しかし、そういう意味ではありません。当時の経済産業省の資料を読むとリスキリングは「新しい職業に就くために、あるいは、今の職業で必要とされるスキルの大幅な変化に適応するために、必要なスキルを獲得させること」と定義されており（「獲得させる」という使役形になっている点が特徴的)、スキルのことを「とくにデジタル化と同時に生まれる新しい職業や、仕事の進め方が大幅に変わるであろう職業につくためのスキル」と例示しています。リスキリングという言葉はその年の流行語大賞にもノミネートされました。現代のビジネスパーソンにこのような新たなスキルを習得させて時代の移り変わりにキャッチアップさせることが喫緊の課題だと認識されたようです(一体なんのためにキャッチアップさせなきゃいけないのかという根本的な問いはひとまず置いておいて)。

似た言葉にリカレントというものがありましたが、リカレントは「働く→学ぶ→働く」のサイクルを回し続けるありようのことで、新しい知識を得るために「職を離れる」ことが前提になっており、リスキリングとは区別されているとのことです。また、リスキリングはビジネスパーソンが自らの判断で自由に学ぶのではなく、政府が予算をとって「キャリアアップのための転職支援」を目的に、労働者に「学ばせる」制度を新設することがその意味するところです。

リスキリングにせよリカレントにせよ、いったん会社から離れて特定の専門分野に関する知識を増やすという点はかつての社会人の勉強とは大きく異なるところです。これは最近ではジョブ型と呼ばれている欧米型の労働システムを前提にしたものと考えられます。というよりも、そういう欧米型の社会を前提に考えないとリスキリングの意味がよく理解できないと思います。

ジョブ型は企業内の細分化された職務それぞれに専門技能を持った労働者を割り当てるという考え方です。ジョブ型に対して日本特有のシステムを、これも最近ではメンバーシップ型などと呼ばれているようですが、メンバーシップ型の社会は、できる限り多くの種類の職務を遂行できる労働者を企業内で教育し、社員は業務範囲を拡大しながら経験を積むことによって育成されるシステムです。[*14]

私が大学を卒業して入社した国内の証券会社は典型的なバリバリのメンバーシップ型で、その後に移籍した米国の企業は典型的なバリバリのジョブ型です。ジョブ型企業の雇用契約には、社員が遂行すべきジョブすなわち職務が明確に記載されます。自分のチームに新たな社員を採用する際には、私はまず「ジョブディスクリプション」と呼ばれる職務内容や必要とされる能力などを詳細に記述する書類を作成した上で、個別に採用計画を会社に提出しなければなりませんでした。当然私が面接をして採用者を決めます。ジョブ型であるこの会社では採用権限を持っているのは人事部ではなく、チームのトップである私です。報酬内容もそのジョブに対するものとしてあらかじめ具体的に決まっています。

ジョブディスクリプションに書かれたジョブを遂行する能力や経験や知識を持つ人を採用し、入社してからはその社員のジョブディスクリプションの範囲で、ジョブディスクリプションの内容に沿って業務指示が行われます。よくジョブ型である外資系は成果主義とか能力主義だと言われますが、私の経験からすればおそらくそれは大きな勘違いで、ジョブ型システムと能力主義とはまた別の話です。私がいた米国企業の場合、報酬の固定部分と変動部分の割合もあらかじめ契約段階で決まっており、日常は決められたジョブをただ淡々とこなすのみです。成果に対する報酬の変動ぐあいも最初から採用条件に入っているので、それに応じて結果として粛々とボーナスを支払うだけのことで、とくに査定などする必要もありません。

人に報酬が支払われるのではなく、ジョブ自体に報酬が支払われるイメージです。だから、メンバーシップ型のようにその人の潜在能力とか熱意とか、あるいは組織が期待する将来性といった抽象的な評価は一切ありません。これは私が野村證券からトムソンファイナンシャルに移籍した当初チームのメンバーを評価する際にもっとも戸

*14 ジョブ型とメンバーシップ型の分類については、濱口桂一郎［2021］『ジョブ型雇用社会とは何か　正社員体制の矛盾と転機』（岩波新書）を参考にしています。

惑ったことです。

社内研修という機能を持たない外資系企業

昔よく「組織の歯車にはならないぞ」などという威勢のいいセリフがありましたが（今でもあるかもしれないけど）、もし欧米の典型的な労働システムのことをジョブ型と呼ぶならば、ジョブ型はまさに「歯車」になることを意味します。会社は形に合う歯車を募集し、その形を持った歯車が応募し、実際に形に合う歯車であれば最初に決めておいた条件によって採用するということです。歯車は少なくとも左から右へと動力を確実に伝えられるわけで、組織のなかでは自立した一人前であることの証です。

そして、その歯車が不要になったとき（経営がそのジョブを不要と判断したとき）、たとえば企業がそのジョブを必要とする事業から撤退し、社内にジョブがなくなったときに解雇を検討する仕組みになっています（実際には会社が従業員になんらかの他の選択肢を提示するのが普通です）。

従業員の立場から逆の見方をすれば、これまた私がそうであったように、この企業が自分のスキルを活用しにくい方向へ向かい始めたと気がつけば、そのときは会社を辞めて自分の持つスキルに合う組織を自ら探しに行くということになります。それが転職です。決して「社内の人間関係に悩んで」とか「自分にはもっと他の会社で生かせる能力があるはずだ」などという妄想によって会社を転々とすることではありません。

スキルアップという概念もメンバーシップ型とジョブ型では大きく異なります。日本企業には社内研修制度というものがあります。私がいた野村證券でも新入社員研修に始まり、年次ごとの集合研修、役職がつくにしたがって課長研修や部長研修に加え、証券アナリスト資格の受験講座など希望者向けの資格試験対策研修にいたるまで豪華な社内研修プログラムが準備されており、それらは研修部が企画していました。

しかし、私がその後移籍した米国のトムソンファイナンシャルには研修部はおろか、社内研修という概念そのものがありません。それは当然の話で、もともとジョブにふさわしいスキルを持った人が働いているわけですから、企業がその人たちに研修を行うためのコストを支払う必要がないわけです。これも従業員の立場から逆の見方をすれば、もしも技術革新が起きて自らのジョブを外部環境にキャッチアップさせなければならないことになったり、あるいは自分自身が新たなジョブにふさわしいスキルを身につけようと考えたときは、とても原則的なことをいうと労働者のコストで自らスキルアップするしかありません。

もちろん本書では欧米の労働システムがすぐれているのか、日本特有の労働システムがいいのかを議論するつもりはありませんし、「これからの時代は日本企業もジョブ型だ！」などと言うつもりも毛頭ありません。単に両方を経験した私の視点をご紹介したにすぎない話です。ただ、私が明確に実感した彼我の差は単に会社での働き方の違いではなく、おそらく社会の構造そのものから来る違いです。ですからいきなりリスキリングと言われても企業の現場ではなかなか正確な理解が進まないところがあるとは思います。

──自分は一体なにがわかっていないのか？

結局のところリスキリングは新たな知識を加算して仕事の範囲を拡大するという知識の数理的な増加を目的としているイメージです。ジョブ型にせよ、メンバーシップ型にせよ、いずれの労働システム下で働くにしても、勉強して目先の知識の量を増やすだけではなく、もっといい仕事をしたいともがいている方々が本書の読者にはきっと多いことと思います。そこで、そういう方のために、ビジネスパーソンがオールを握るための学びについて、カナダのマギル大学で今なお教鞭を執るヘンリー・ミンツバーグの言葉をご紹介したいと思います。

ミンツバーグは、『ミンツバーグ マネジャー論』や『戦略サファリ』をはじめとしてことさらユニークな著作を持つ、言わずと知れた経営学の大家です。日本語版ではほぼ常にミンツバーグ本の翻訳を担当される池村千秋さんの訳が絶妙で、ミンツバーグの濃い目のキャラを程よく増幅しているように感じます。もっとも私は動画で彼の講義を見たことしかありませんが、経営思想とも言えるミンツバーグの著書を池村千秋さん訳で読んでいると、ミンツバーグがどうしても古典落語に出てくるご隠居さんとイメージが重なってしまい、「おや、だれかと思ったら八っつぁんじゃないか。まあ、いいや、そこへお座り」という感じで、心地のよいリズムでご隠居さんの小言を聞かされている気になります。

最近の彼の著書『私たちはどこまで資本主義に従うのか 市場経済には第三の柱が必要である』では、「人的資本という言葉が近ごろあるみたいだが、企業に勤める人で自分のことを人的資本などと呼ばれたい人が果たしているのだろうか？ 私だったらまっぴらごめんこうむりたい」と述べていて、相変わらずですが、なかなか痛快です。

さて、そのミンツバーグに次のようなユニークな発言があります。

「よいクラス（good class）は、わからなかったことが、わかるようになる。もっとよいクラス（great class）は、わかっていたと思っていたことが、実はわかっていなかったとわかる」

ミンツバーグのこの言葉は私が大学院生のころに講義で教わったと記憶しているのですが、ことさら社会人の学びに対する身構え方としてとても示唆的だと思います。ミンツバーグは古典学派的な純粋理論を批判し、経営者は教室で育つわけではないと主張する人なのですが、すでに実務を経験している社会人にとって必要なのは、おそらく経営理論やケーススタディをたくさん知って暗記することではありません。

社会人が勉強する目的は、ただ単に知識を増やすことだけではなく（もちろん増やすことも大事です）、「自分にはなにがわかっていないのか」「自分にはなにが足りていないのか」という否定的な問いを発見し、その問いをとことん深めていくところにあるのではないかと思います。私の経験ですが、不思議なものでそれができる人ほどむしろ視野が広く、ものがよく見えています。そもそも企業とはナニモノで、目の前にある自分の仕事とは一体どういう関係にあるのかといった根本的で抽象的な問い、いわば経営やビジネスの根幹を問おうとする哲学的な姿勢を常に維持したいものです。

本を読んで「そうか、なるほどこうやって解けばよかったんだ！」と膝を打って「わかる」のは高校生までの受験勉強であって、社会人は勉強したからといって目の前の問題が解決するわけではありません。しかし、社会人が深く学ぶ目的は自分に解ける問題を増やすことではなく、そもそも前提としている範囲や限界を破って自由な思考の可能性を拡げることです。だから勉強することによって自分がこれまでものを考えるときにどれくらい不自由だったのか、どれくらいコンベンショナルな思考の檻に囚われていたのかを身にしみることになります。

自分が「知っている」と思っていたことを知らないことに変えてしまい、大きな戸惑いと畏れをもたらす、社会人の勉強はそういうところにおもしろさと解放感を覚えるものであってほしいと思います。これがオールを握るための勉強に対する心構えです。若いころ証券アナリスト試験の受験勉強で暗記していたファイナンス理論の公式それ自体は、今も変わらず同じものであるにもかかわらず、現在の私にはまったく異なった意味に見えています。

第4話

オールを握るための型はこうして作られる

——推論と観察のためのオルガノン

私が大学院に入学して、科学への道が目の前にぽっかりと開けたときにまず興味を抱いた対象は、ファイナンス理論のエレガントさでもなく、戦略論の奥深さでもなく、アカウンティングの首尾一貫性でもなく、実は論理学という学問分野でした。大学院に論理学という科目があるわけではないのですが（論理学は大学の教養課程で出講されているのがおそらく普通）、論文を読んだり、討論しているうちに論理とはそもそもなんだろうかという要らぬ興味を持つようになりました。その興味は受講した科目の至るところでチラリチラリと顔を出しながら、あたかも「こういうの一度きちんと勉強しといたほうがいいんじゃないの？」と手招きしているようでした。それは、統計学がわかっていないとファイナンスの実証論文を読むことすらできないというほどの存在感はなく、まあ知っておくとこの先なにかと役に立つかもしれないという程度のものでした。そういう不必要性から手をつけたくらいの動機で論理学に出会いました。

しかし、実際に論理学の教科書を文字通り読み漁り、連言だとか選言だとかの記号を覚えて論理式を書けたところでなにかの役に立ったかと言われれば心もとない限りではあります。ただ、普段から日常的に使っている表現にここまで厳格なツッコミを入れるこだわりを学んでいるうちに、世の中で一般的に言われている通説や世論が論理としてあまりにもスカスカの隙だらけであることに気がつきます。そして、自分の性格も少しずつ意地悪くなっていってファイナンス学者の思考にわずかに近づきつつあることが自覚できるようになりました。

もちろん本書で論理学についてのお話をするつもりはありませんし、私にはその能力もないのですが、論理の貫徹性という快感を知ることはアカデミアの世界では当然としても、私はとくに現代のビジネス界でオールを握ろうとする人々に豊かな滋養を与えるものと思っています。

われわれは、先行きどうなるかわからない問題を解決しようとするとき、あるいは将来のことを予測するとき、つまり未知のものを見ようとするときにまずは既知の事実から思考をスタートします。むしろそれ以外に手がかりがありません。ボーっとなにかを空想するときでさえ無意識のうちに既知の事実を手がかりにしています。既知の事実に基づいて、一定の道すじをたどりながら未知のものを推し量ることを論理学では「推論」と呼びます。そして、その道すじのことを先にお話ししたように「論理」と呼ぶことにします。この第4話では、その道すじをどのようにして作るのか、その道具（オルガノン）についてお話しし、重要な示唆を導き出します。なにごともまずは形から入ることが肝心です。

――思考のための三つの道すじ

さて、既知の事実に基づいて未知のものを推論するといっても、実際には既知の事実はさまざまなことが複雑にからみ合って起きているし、未知の事柄に至る道すじも多くの変数があるために見えにくくなっています。複雑さを迂回してものごとの表層をなぞって終わるのではなく、表層の下に隠れているものをえぐり出すためには、見えているものの原因や理由がなぜ起きているのかを探らなければなりません。

すでにわかっている知識からまだわかっていない知識にたどり着くための方法は三つしかありません。第一に演繹（deduction）、第二に帰納（induction）、第三に仮説形成（abduction）と言われるものです。演繹と帰納は高校の数学などで聞いたことがあるかもしれませんが、これはアリストテレスの論理学に端を発しています。仮説形成は最近ではそのままアブダクションと呼ばれることが多く、これは19世紀に活躍した哲学者チャールズ・パースによる発見とされています。まずは具体例を示したほうがわかりやすいでしょう。

⑴ 演繹

円安によって日本の輸出企業の業績が回復する（AはBである）……一般法則
X社は日本の輸出企業である（Aである）……観察事実
したがってX社の業績が回復する（したがってBである）……結論

演繹はすでに知られている一般法則に個別の観察事実をあてはめて結論を得るという論理のプロセスです。「円安によって日本の輸出企業の業績が回復する」という前提となる一般法則があって、そこに「X社は日本の輸出企業である」という観察事実が原因を作り、その結果として「X社の業績が回復する」を得る仕組みになっています。

(2) 帰納

トヨタの業績が回復している（a1はBである）……観察事実1
ホンダの業績が回復している（a2はBである）……観察事実2
日産の業績が回復している（a3はBである）……観察事実3
日本の完成車メーカーの業績が回復している（AはBである）……結論

帰納は複数の観察事実から共通項を取り出し、それを根拠として結論を導き出します。「トヨタの業績」「ホンダの業績」「日産の業績」という三つの観察事実の中から「国内の完成車メーカーの業績」という共通項を発見し、それを根拠として「日本の完成車メーカーの業績が回復している」の結論を導くようなプロセスをいいます。

(3) アブダクション

X社の業績が回復している……結論

円安になると日本の輸出企業の業績は回復する……一般法則
したがってX社は輸出企業である……仮説

アブダクションは、先に結論と一般法則が与えられます。その二つから起きた事実（結論）をうまく説明できる仮説を導き出すという論理のプロセスです。ここでは「X社の業績が回復している」という結論と「円安になると日本の輸出企業の業績は回復する」という一般法則を根拠に「したがってX社は輸出企業であろう」という推論に至っています。

演繹、帰納、アブダクション、なにをいまさらというところかもしれませんが、自分がものを考え、それを相手に伝え、相手が「なるほどね」と納得するためには、そこにシンプルでスムーズな論理が流れていることが条件です。あるいは、相手が考えて、自分に伝えてきたことを「どうかな？」と首をかしげて検討するためにもシンプルな論理を相手と共有することが重要になります。余計な誇張や修飾をとりのぞいた論理の骨格がわかれば、それにつられるようにして次々とアイデアが紡がれていきます。それはお互いが組み立てる論理が持つあたかも音楽性のようなものが手がかりとなってできることです。

なにかのアイデアをはっと思いついてその尻尾をつかみかけたとき、それをグイッと手元に引き寄せられるかどうかは、思考がごく自然に、そして心地よく正確な道すじをたどっていることが条件です。論理の基礎を知っておくことはオールを握って漕ぎ出すための基本動作を形作るうえで死活的に重要なことです。

むずかしい話も構造は同じ

既知の事実から未知のものに到達する道すじ（推論）の方法には、演繹、帰納、アブダクションという三つの型があって、というよりも三つの型しかありません。このように理解しておくと、むずかしい本を読んだり、むずかしい話を聴いたりするときもわかりやすくなります。要するにこの人が言いたいことはなんだろう（主張や結果）、それはどういう理由で言ってるのだろう（根拠や原因）、そして主張と根拠、原因と結果を三つの型を使ってどのように結びつけているのだろう、というような整理のパターンを持っておくことは正しく情報を受け取って正しく理解するためにも有効です。

しかし、人は意外と知らず知らずのうちに、演繹、帰納、アブダクションの三つの型を使って書いたり、話したりし、知らず知らずのうちに三つの型を使って読んだり、聴いたりしています。そして、知らず知らずのうちに間違いを犯したり、なにを言っているのかわけがわからなくなったりします。この三つの型が科学にとって、もちろんファイナンス学者にとって思考の基本的構造です。この思考の構造を自覚的に把握しておくと、どこで間違ってどこでわけがわからなくなったのかを特定することができ、修正することが可能となります。そもそも科学者の仕事はこれら推論の方法を用いて研究を行うことであり、端的に推論を実施することにあります。一方、科学者が実施する推論そのもの、または推論が正しく行われるためにしたがわなくてはならない規則や規範を研究するのが論理学の仕事と言うことができます。だから論理学は古来より諸科学のオルガノンであるとされてきました。

三つの型は独立して並列するように見えますが、それぞれに特徴や目的が異なります。論理学では、演繹のことを必然的推論、帰納とアブダクションのことを蓋然《がいぜん》的推論という分け方をします。[*15] 演繹は、前提となる根拠が真であれば結論も必ず真になり

＊15　中井孝章［２０２１］『アブダクション／仮説演繹法の射程』デザインエッグ社

ます。左辺と右辺をイコールで結ぶように数学チックです。真理保存性などと言われていますが、裏を返せば真であるとわかっている既知の事実から、真であるとわかっている既知の事実を導出することになります。つまり往々にして演繹からは情報量が増えていきません。

一方、帰納とアブダクションでは、あらかじめ前提としなかった新しい情報が結論に加わります。そのかわり前提となる根拠が真であっても、結論となる命題は必ずしも真になるとは限りません。だから蓋然的推論とよばれています。

──思考のクオリティは観察力で勝負がつく

私が学生を教えている経験からも、またビジネスの現場にいた経験からも痛感することなのですが、ものを考える力を持っている人はだいたいその前にものを観察する力が図抜けているように思います。わかりやすい例でいえば、昔の私のチームにいたF田君がそうでしたが、単純なグラフを見せても思考力や想像力が豊富な人は「この数値の上がり方がちょっと不自然な気がする」とか「わずかだけどなんでこの時期の下げ幅が緩やかなんだろう」とか、微妙なところに目と心が配られて他の人が気づかないいろいろな発見をします。しかし、ただボーっと見ている人はグラフから得る情報が限られています。

つまり、思考のクオリティは、そのプロセスよりも「現象を観察する」という最初の段階において、すでにかなりの部分で勝負がついています。アカデミアの世界でもその方法論の本質は観察にあります。だから科学者の能力にとってまず重要なことはおそらく観察力です。なぜなら現実に起きている現象そのものが科学的だといえるからです。いつもシャーロック・ホームズが静かにパイプを叩きながらワトソンに向かって言うセリフのように、現象というものは必ずなんらかの原因があって起きています。多くの原因が絡み合って、起きるべくして起きているのが現象だととらえる人は、その現象の背景を詳細に追っていくので、科学的に意味のある、つまりは検証可能な仮説を生み出す可能性が高くなります。

さらにアブダクションを発見した哲学者パースによれば、細かく観察することももちろん観察力ですが、まず重要なことは手あたり次第に広い観察をしないということにあります。一定の目的すなわち仮説を立てて、その論証を目指して熟慮的・意識的に行われるものが科学的観察だとパースは言います。[*16] たしかに観察力は大事だけど、どこをどう観察して、どういう考えとどんなノリをもってものごとを観察できるか、観察の「勘」のようなものがプロには備わっているということなのかもしれません。

科学者の観察力といえば、アイザック・ニュートンが木からリンゴが落ちるのを見て万有引力を発見したという、だれもが一度は耳にしたことのある逸話が存在します。かなり大味な逸話なだけに、あれは単なる伝説であって事実ではないという説もありますが、米盛［2007］[*17]ではニュートンの友人であるウィリアム・ステュークリーのニュートン回顧録を引用し、あれはどうやら実話らしいと言います。米盛［2007］に限らず論理学の教科書、とくにアブダクションに関する専門書では、意外なことにニュートンの逸話が次のようなのどかなストーリーで引き合いに出されるのが常です。

ある秋の晴れた日の午後のこと、ロンドンのニュートン家でステュークリーとニュートンは昼食後のティータイムをリンゴの木陰で過ごしています。そこでいきなりリンゴがぽとりと落ちたのを見たニュートンがハッとして……というのはでき過ぎですが、おそらくニュートンはリンゴのなった木を見ながらステュークリーに、「たとえばさ、ほら、あのリンゴの木、見てごらんよ」といった感じでリンゴをたとえにして自分が考えていた仮説を紅茶の入ったティーカップを手に話をした、というほうがどうやら現実的な気がします。

米盛［２００７］は、演繹や帰納の道すじをたどっていたのではニュートンの万有引力は発見に至らなかったと説明します。たとえば演繹なら「質量のあるものは下に落ちる（一般法則）」→「リンゴが木から落ちる（観察事実）」→「リンゴには質量がある（結論）」という推論になり、また帰納であれば」「リンゴが木から落ちる」「手を放すとボールは下に落ちる」「コーヒーカップがソーサーからすべり落ちる」→「質量があるものは支えがないと下に落ちる」という推論となります。しかし、目の前でリンゴの落下を観察したニュートンは、そもそもリンゴはなぜいつも垂直に落ちるのかと考えます。なぜ斜めに落ちたり、脇のほうに落ちたりしないのか？　それはあたかも地球の真ん中に向かうようにして落ちるではないか。このニュートンの天才的な観察力が、彼に天才的なひらめきを与えます。

そして、ニュートンは次のような説明仮説を立てます。物体の中には「引力」というものが働いていて、それが地球の中心に集中しているのではないか。もしも一つの

＊16　Arthur W. Burks, [1943] "Peirce's Conception of Logic as a Normative Science," *The Philosophical Review*, vol.52, No.2, Whole No.308, p.190.
＊17　米盛裕二［２００７］『アブダクション　仮説と発見の論理』（勁草書房）

物体に他の物体を引きつける引力があるのだとすれば、その力の大きさは比例関係になくてはならないはずだ。つまり、地球がリンゴを引っ張っているなら、同時にリンゴも地球を引っ張っていると考えなくてはならない。要するにわれわれが「重さ」と呼んでいるのは引力のことで、その力はあらゆる物体間に働いていて全宇宙に広がっていると考えられる。

ニュートンは以上のような仮説を、月が地球の周囲を一定の速度、同じ軌道で公転するという自然法則によって検証することで、万有引力の法則に進展させます。もちろんニュートンの万有引力発見のプロセスはもっと複雑で込み入った理論のもとで成功したものとは思います。しかし、ステュークリーが伝えるリンゴの逸話はニュートンの観察力ということ以外に論理学の文脈としてとてもうまく仕上がっています。つまり、ニュートンの思索がアブダクティブな推論のプロセスを経て行われたというわかりやすい例示としてです。だから論理学のどの教科書でもだいたいこの逸話が取り上げられることになっています。

人間にできてAIにはできない洞察的推論

演繹は必然的推論であって、帰納とアブダクションは蓋然的推論だというお話をしましたが、演繹と帰納は前提さえ同じであれば結論はだれが考えてもだいたい同じようなものになります。とくに演繹ではだれがどう考えても行きつく結論は同じになります。帰納は異なる観察事実を拡張的に一般化するので必ずしもだれもが同じ結論に行きつくとは言えませんが、それでもだいたい似たような範囲で結論は落ち着きます。アブダクションも拡張的な機能を持っていますが、ただ、アブダクションは科学的仮説や理論を発案し発見を行う推論であるという点で演繹や帰納とは決定的に異なります。

目の前で起きている観察事実を説明するための仮説を構築するアブダクションは、推論の過程で直接的には観察できないものを想定し（たとえばリンゴと地球が引っ張り合っている）、直接的な観察事実とは異なる結論を導き出します。つまり、物体は支えがないと下に落ちるという観察事実をいくら周到に集めても、そこから帰納的に「重力」の概念を引き出すことは普通の人には逆立ちしても不可能です。そこがニュートンの天才性であり、アブダクションの発見者パースがいうアブダクションの機能といったところです。米盛［２００７］の言葉を借りれば、経験をどれだけ集めてもそこに仮説的な思惟がない限り理論の発見には至りません。これを現代風に置き換えるならば、演繹や帰納による推論は生成ＡＩ（人工知能）にもできるけど、アブダクションによる推論は人間にしかできないと言えるのかもしれません。

演繹と帰納は、既存の知識や過去の事実いわばデータを集約し、統計的な分布にしたがってもっともあり得べき結論に至ろうとする推論のプロセスです。そういうことってありそうだなとか、それは滅多に起きることじゃないなとか、確率分布を推定することは人間が得意とする能力ではあるのですが、言うまでもなく生成ＡＩの前には歯が立ちません。しかし、ニュートンの万有引力のようにアブダクションによって既存の知識体系をくつがえすような新たな知識（仮説）を生むことはおそらくまだＡＩにはできません。

これは進化論的に人間に本来備わっている自然な思考プロセスであり、生存に必要な能力で、一般的には「洞察力」と呼ばれるものです。自分が観察した現象の要因を自分が持っている知識と結びつけるだけでなく、その因果関係を拡張的に構造化し、洗練させ、その人独自の推論を加えることを意味します。そうすることによって従来の概念体系を変化させたり、別の機会に応用したりして新たな概念を生む能力です。これは先の「サイドストーリー①」で述べたコンセプチュアルスキルに似ています。

ＡＩによって将来多くの仕事が奪われるなどと言われることがありますが、仕事が奪われるかどうかはともかくとして、演繹や帰納のような機械的な推論で済む作業はＡＩが取って代わるかもしれません。しかし、既存の知識から従来の概念の体系を変化させたり、まったく新たな別の知識を創造するような洞察的な推論が必要な作業はおそらく依然として人間にしかできません。もちろんニュートンのような世紀の大発見を目指すという話ではなく、いま手元にある限られた知識や情報を使って独創的な仮説を構築する思考能力は少なくとも現在のビジネスの世界においては希少性が高いはずです。

ただし、前提が正しければ必ず唯一の正解を引き出す演繹とは違って、アブダクションによる推論は必ずしも絶対に正しい解答とはいえません。むしろ間違っていることを前提に常に修正される必要があります。既存の知識がこれまでのシステムに存在しなかったような変異をもたらすまでには、自分が構築した仮説が間違いだったと気づけば即座に修正し、あるいは大胆に再編し直し、という探究のプロセスが幾度となく繰り返されます。だから、科学的な思考プロセスにとって、先行研究を読んでは信頼できる知識を集め、真摯な態度で現場を観察し、一歩も二歩も踏み込んで考え尽くすことが常に大切です。しつこいですが、このことはビジネスパーソンがオールを握る基本動作としても同じだと私は考えています。

サイドストーリー③

――デキる人のしゃべり方

仕事がデキる人よりデキそうに見える人

投資銀行やコンサルティングファームで長く過ごしたことの役得はなんと言っても多くの企業を訪問し、多くの人と話ができることです。しかも、相手は日本を代表する一流企業の経営者やそこで働くエリート社員の方々ですから毎日が勉強でした。研究者となった今も企業を訪問する機会はありますが、なにしろ当時は数が違いますし、お金をいただいた上でのビジネス関係の人脈ですから付き合いの深さも大学の研究者とはまた大きく異なるところがあります。

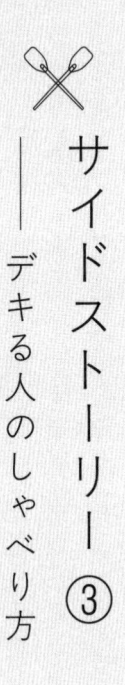

企業によっては出てくる社員、出てくる社員、次から次へと仕事がデキそうな人ばかりという企業もありますし、そうでもない企業もあります。ただし、「仕事がデキる」とか「デキない」というのははなはだ主観的な問題であって、業界によっても定義は違うし、そもそも実際に仕事をやってみないとデキるかどうかなんてわかりません。大事なことは「デキそうに見える」ことです。これももちろん主観に過ぎませんが、ただし「デキそうに見える」と仕事が向こうからやって来ますから少なくとも経験値を積むことができます。そのうち本当に仕事がデキるようになるという段取りです。

しかし、私から見て「デキそうに見える人」と「そうではない人」の差は実のところほんのわずかです。このことは学術論文にも通じるところがあります。他人の論文を読んだり、学会発表を聞いたりしているうちに、自分がビジネスにいたころの経験と重ね合わせてデキそうに見える人たちってだいたいこうだったなと思い返すことがあります。「デキそうに見える人」ってなにが違うのか、そして「そうではない人」との差ってなぜほんのわずかなのか、このコラムではそういう私の経験をお話しします。

何度も言ってきたように、因果関係に基づいてものごとを整理してわかりやすい話ができる人、明確な根拠を示しながら手際よく自分の主張を述べる人がまずはデキそうに見えるための最初の条件です。

思考はボトムアップ、しゃべりはトップダウン

図にあるのは「風邪をひかないロジックツリー」です。[*18] ロジックツリーは論理が枝分かれしてつながる様子を図にして、問題の所在を突き止めたり、問題の全体像を見せたりするためのフレームワークです。ロジックツリーの作り方を解説しようというわけではありません。デキそうに見える人はこのロジックツリーのようにしゃべります。

図のロジックツリーでは、最下段に「外出を避ける」とか「マスクをする」とか「早

＊18　これは私がずっと若いころにコンサルティング会社のトレーニングで教わったことを、記憶をたどりながら作成したもので正確な出所が不明ですが、念のため必ずしも私のオリジナルではありません。

風邪をひかないロジックツリー

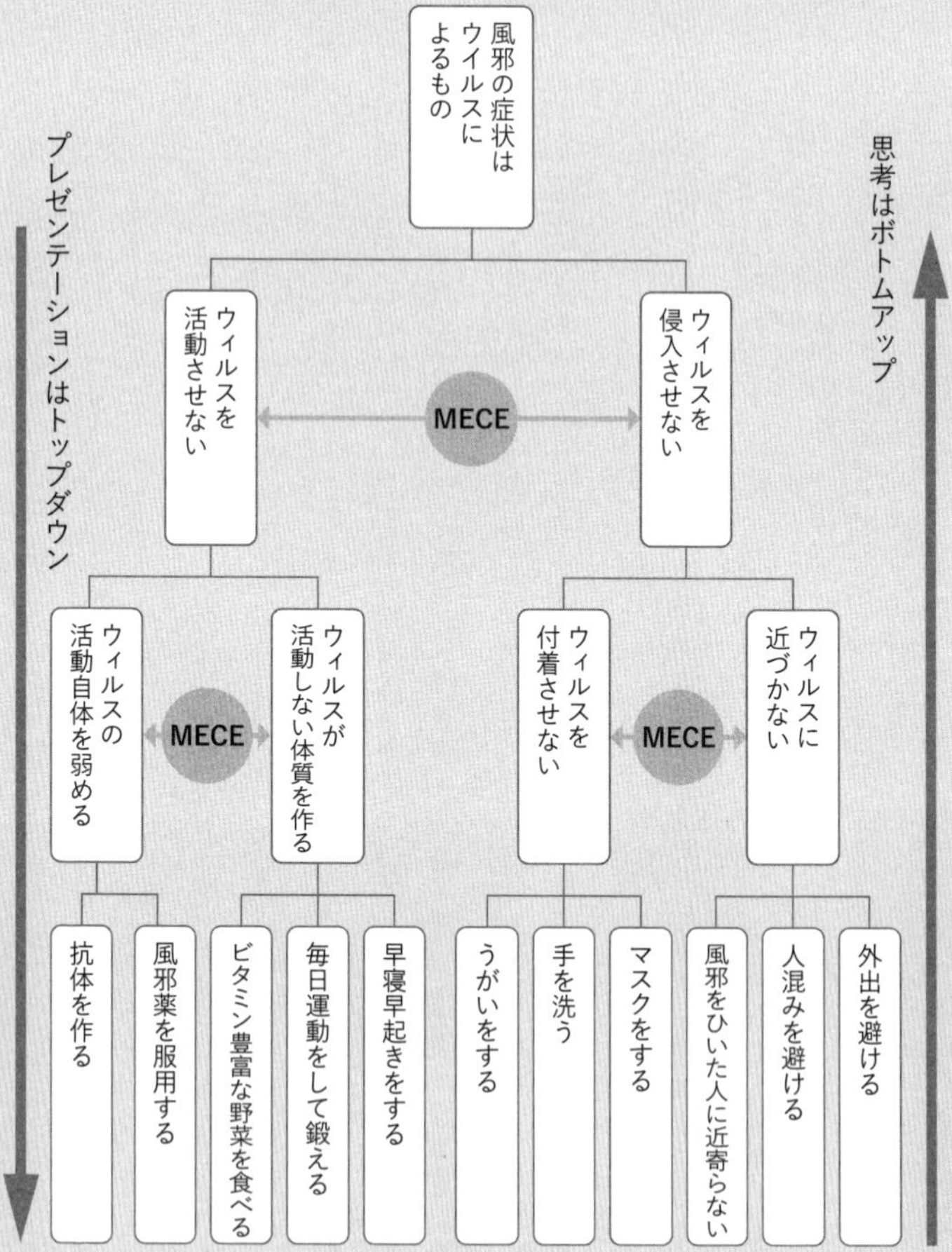

寝早起きをする」とか、風邪をひかないための具体的な政策変数が並んでいます。一旦このようにして情報を集めたら、要素ごとに束にしてグループを作ります。そして、グループにした理由を考えます。外出を避けたり、人混みに入らないことが風邪をひかないためになぜ有効かというと、これらは結局のところウイルスに近づかない行動を意味しているからです。あるいは、マスクをしたり、手を洗ったりするのはウイルスを付着させない努力です。ウイルスに近づかないことやウイルスを付着させないことは要するにウイルスを体内に侵入させないことを意味しています。一方、早寝早起きをしたり、運動をして鍛えるのは、万が一ウイルスが侵入したとしてもウイルスが活動しにくい体質を作るための方法です。逆に、ウイルスが侵入して活動し始めたら、その活動自体を抑えるために薬を飲むことになります。一方でウイルスを活動させないことが風邪の発症を避けるためには重要です。

このように考えると（医学的に正しいかどうかはわかりませんが）、風邪の発症を防ぐためには大きく二つの方法があるという結論が得られます。すなわち、第一にウイルスを侵入させないこと、第二にウイルスに活動させないこと、です。ここで少し大事なことは、図の中のMECEと書かれている概念です。これは「Mutually Exclusive and Collectively Exhaustive」の略で「モレがなくダブリがないという意味です。「ミッシー」と一般的に呼ばれています。風邪の発症を避ける目的において、「ウイルスを侵入させない」ことと「ウイルスに活動させない」こと以外にモレはありませんし、この二つの方策にはダブリがありません。あるいは「ウイルスを侵入させない」ための二つの政策変数「ウイルスに近づかない」ことと「ウイルスを付着させない」こともお互いにモレがなくダブリがありません。とくに、説得力という点では「ダブリ」より「モレ」がないことがより重要です。私の経験ですが、「ダブリ」は後で気がついても修正が効きますが、「モレ」は精度の高い結論を出すには命取りとなります。

なにかを考える場合には、さまざまな情報を収集し、グループに整理して、因果関係を推論し、結論を導きます。つまり図の下から上へとボトムアップの方向でモノを考えます。しかし、相手に伝えるときは自分が考えたとおりの順番で話をすると伝わりません。「風邪を発症しないためにはどうすればいいのか?」という問いに対して、バラバラに政策変数を提示するのではなく、「風邪の原因はウイルスなので、第一にウイルスを侵入させないこと、第二にウイルスに活動させないこと」というように結論から先に述べます。自分の考えを伝えるときには、図の上から下へとトップダウンとなります。つまり、まず結論から述べ、具体的な解決策を提示した上で、結論に至った理由を説明するという手順です。考えるときはボトムアップ、伝えるときはトップダウン、思考としゃべりの方向は真逆になります。

また、なにかを説明するときや問題を指摘したり、解決策を提示するときにも、まずマクロの概念から始めて徐々にミクロに落とし込んでいくトップダウンの方向性を意識することが原則です。必ずしも万全とは言えませんが、そうするとわかりやすくて説得力のあるストーリーになることがあります。

ロジックツリーにおいて注意が必要なのは、下の列に並んだ政策変数や要素がたくさんあっても、往々にして出てくる結論が具体的なアクションにつながらないもの、メッセージ性が低いもの、ただ単に図を編集したに過ぎない凡庸なもの、になってしまいがちであることです。それはもちろんロジックツリーを作る技術の巧拙ということもありますが、ただし、ロジックツリーはうまく完成させることが目的ではなく、むしろ思考を整理するための道具に過ぎません。作ってみたけどこの方法じゃだめだなということはいくらでもあります。

マジックナンバー、それは「3」

結論から先に述べる、私が感じるデキそうに見える人とそうでない人の違いはこれができるかどうかだけの差です。小説やエッセイでもない限り、ものを書く場合も同様です。論文も報告書も提案書も、最初のページの上半分くらいでまず結論が出てこなければなりません。ところが、われわれ日本人はどういうわけか小学生のころから「起承転結」で文章を書くように教育されます。起承転結はもともと漢詩に使われる修辞の技法であって、相手に何かを伝えたり、説得したりする場面にはふわしくありません。というよりもむしろ絶対に使ってはならない文章構成です。学術論文でもビジネス文書でも起承転結で書いたり、しゃべったりすることはまずありません。

デキそうに見える人はなにかを聞かれると「私は○○と考えます。理由は三つあります」と結論をズバリと答えて自分の主張をトップダウンで説明する人です。私が新入社員のころ、人になにかを聞かれたらすぐに「三点あります」と答えろと教えられました。三点あろうとなかろうと、まずは「三点あります」と即答する。そして一点目をしゃべりながら二点目を考え、二点目をしゃべりながら三点目を考える、これが鉄則です。

実は、三つという数字はマジックナンバーと言われています。最近になって知ったことなのですが、認知神経科学の研究では「スービタイゼーション：subitization」と言って、人間は四個を境に「三個以下の物の個数を把握するときには、それ以上の個数を把握するときとは違う、固有のメカニズムが働いている」[*19]と言います。要するに、人間は三つまでは頭に入りやすいけど、それ以上になると入りにくいということです。そう言われれば、たしかに漢数字は「一、二、三」と書いて次は「四」になり、ローマ数字も「Ⅰ、Ⅱ、Ⅲ」ときたら次は「Ⅳ」です。数字の表記方法は人間の認知の限界に合致してでき上がっているのかもしれません。信号の色もオリンピックのメダルの色も三色だし、野球のアウトカウントも三つだし、「心技体」とか「三位一体」とか「ヒト・モノ・カネ」とか、3という数字はわれわれの生活に呼応しているかのようです。

だから私は資料を作るときも、ポイントが四点あればなんとか三点に絞り、二点しかなければなんとかもう一点加えるようにしています。ただし、単になんでも「三点

*19　森田真生［2018］『数学する身体』（新潮文庫）

あります」と言っているだけではだめで、その三点がＭＥＣＥになっているとカッコイイ。また、二点のときはＭＥＣＥであり、同時に二項対立になっていると説得力があります。二項対立は哲学分野で展開された構造主義に由来する概念です。「実質的にvs形式的に」「外部環境vs内部環境」とすれば二項対立になってカッコイイ。たとえば「外部環境」であれば「内部環境」でないものを指し、「内部環境」であれば「外部環境」でないものを指すので、この両者は排他的である一方、「内部環境」と「外部環境」の二つで残らずすべての概念が網羅されます。つまりモレがなくダブリがない、すなわち二項対立は常にＭＥＣＥになっています。

ここでお話ししたことは、一方的にプレゼンテーションをするときや文章を書くときだけでなく、目の前に相手がいて議論や交渉をするときも同様です。(1)相手の主張はなにか、(2)その主張はなにを根拠にしたものなのか、その因果の構造をお互い確認します。きちんと声に出して「あなたの主張はこうですよね？　その根拠はこれこれこういうことですね？」と念を押したうえで、その論理の破綻を修正していきます。

見解の対立は根拠となる事実そのものにではなく、意外と事実に対する双方の理解の仕方にあるものです。対立点はいくつあって、こちらが譲歩できるものはどれで、絶対に譲れないものはどれか？　相手が絶対に譲歩したくないものはどれか？　丁寧にわかりやすく解きほぐすためには、結論から出発してロジックツリーのように因果の構造を明らかにします。

歩み寄る、あるいは落としどころを見つけるためには、双方の共通点を探るのではなく、むしろ相手の主張が自分の主張と異なる点はどこか、お互いの違いを粘り強く明確にすることが重要です。しかし、最終的に決裂がふさわしい場合もあります。そのときは静かに席を立ちましょう。決して胸ぐらをつかんではいけません。

第5話

セールを張ると行き先を間違える理由

――因果関係のピットフォール

第2話で、私がいた外資系ファームのチームが理想的だったという話をしましたが、日本ではさほどのブランド力がないわれわれのチームはことさら、他のだれもがやれるようなことを決められた作業としてやっていたのでは生き残る道がありませんでした。われわれのチームに限らず仕事とはだいたいそういうものです。ビジネスにおいては他者との差異が利益の源泉となります。だから、私は自分のチームが他社と異なっていることに安心し、他社に真似されたり、あるいは無意識のうちにわれわれ自身が他社と同じようなことをしたりして、他社と似通ってくることに不安を感じました。そうならないためにチームのメンバーは全員がひたすら自分でものを考えて知恵を出さなければ明日から会社に自分の机はなくなると固く信じていました。このようにしてわれわれは次から次へと訪れる無数の窮地を切り抜けながら、滅多に訪れない希少なチャンスをものにするしかありませんでした。

当時、月に一度くらいの頻度でニューヨークの本社から私のレポーティングライン（日本流に言えば上司）にある身長１９７センチのデレク・ロビンソンが日本を訪れると、私はすかさず彼のスケジュールを私とのミーティングに押さえます。なにしろ巨大コングロマリット組織でしたから、とにかくわれわれのチームの存在感を示して、この日本語がしゃべれない大男にチームの存在をコミットさせなければならないと考えたからです。現在の顧客マーケットはなにを求めているのか、競合他社はどのような手を打とうとしているのか、それに対してわれわれのチームはどのような競争優位を発揮しているのか、今後どのようなことを想定していて、いま足りないリソースはなにか、それが補充できればわれわれのチームが当社にどれほどの利益をもたらすことができるか、そんなことを毎月たっぷりと怪しげな英語でプレゼンをして彼に言い聞かせます。

無理やりにでも彼とのミーティングの場を作ることも、独善的な内容であろうと彼へのプレゼン資料を作ることも、ひたすら自分で考えるしかありません。このような孤独で前のめりで暑苦しい基本動作は、私の場合、野村證券の新人時代から脊髄の反射機能として違和感なく埋め込まれています。証券会社の営業マンは新人だろうとベテランだろうと常に一匹狼の単独行動で仕事をします。崖っぷちに立たされる窮地に陥ってもだれも助けてはくれません。どうすれば今の窮地を脱することができるか、ただただ自分一人で考えて動く以外にないというストイックな脅迫観念は社会に出た瞬間から植えつけられました。

私のプレゼンを一通り聞き終わったデレク・ロビンソンは、

「MiyaG（彼は私のことをこのように表記して「ミヤジィ」と呼んでいました）、なんてエキサイティングなチームなんだ！　よくわかった。足りないものはなんでも言ってくれたまえ。私がすべてコミットしようじゃないか！」

彼はそう言って毎月意気揚々と本国に帰るのですが、私からの要求をかなえることはほとんどありません。それどころか3年足らずで会社を去り（クビになったのかどうかは定かではありません）、私は後任のピーター・マクラーレンに同じことを繰り返すしかありませんでした。もしも、ある日ピーター・マクラーレンが“What is your vision?”と私に聞いたとしたら、それは私にとってクビを意味する呪いのメッセージであることを私は常に心得ていました。自分のビジョンを持たないディレクターがこの会社で生き残ることはありません。私がシニアディレクターとして7年半を過ごしてこの会社を去るとき、気がついてみると当初からいたディレクターは私以外にだれ一人残ってはいませんでした。

こういうことがあたりまえだと思ってずっと生きてきたので大学に来た当初は衝撃でした。学生諸君は自分が周囲と同じであることに安心し、自分が周囲と異なっていることに不安を感じます。だから彼らは周りを見ながらほかの学生たちがみんなやっていればやるし、周りがやっていなければやりません。教授会では、なにかを決めるときには他の大学がどうしているかが重要な意思決定の参照点となっているし、前例があるかないかは情報として必須です。学生時代なんてだれでも似たようなものだろうし、大学の組織なんてだいたいそういうものなのかもしれません。ただ、私にとって大学の教室は考えないこと、無思考との戦いの場だと感じました。実はセール(帆)を張る発想という表現を私が思いついたのはこのような大学の平和な日常からです。

もちろん人間は「考える葦」であり、考えることをやめようと思ってもやめられない動物なのですが、この第5話では自分の頭で考えているつもりでも実際はついついそうなっていない現実についてお話をします。よく言われる「自分の頭でものを考える」とは一体どういうことなのか、逆に自分の頭でものを考えずセールを張って周囲の人と一緒にボーっと風にのっているばかりいると人間はどのようにして行先を間違えるのか、今回はそういう落とし穴（ピットフォール）がテーマです。さまざまな実験や事例をご紹介し、人間にとってオール（櫂）を握ることがいかにむずかしいかについてお話をします。みなさんも一緒に考えてみてください。

自分の頭で考えている、という錯覚

私が勤めている大学にはとても優秀な学生が集まります。とくにこの大学に限ったことかもしれませんが、私の学生時代などと違っておとなしくてマジメで地道です。優秀であるにもかかわらず控えめで規律正しく、安易に見え透いた嘘をついたりごまかしたりするわりには決められたルールには厳格で、やたらと自己評価が高いわりには無理な背伸びをしようとせず、悪目立ちすることをなにより畏れます。集団の中ではできる限り浮き上がらないよう自らを風景の一部と化す努力を怠りません。

また、彼らはあらかじめ正解がある問題を与えられ、決まった手順でなるべく効率的にその正解にたどり着くことを得意としています。ですから私が「今日は自分が考えたことをなんでも自由にいろいろしゃべってみよう。」などと水を向けると完全にフリーズします。私にとって「なんでも自由にしゃべっていい」という議論はこれ以上ないリラックスした場を意味するのですが、彼らは下を向いて「う～ん」と苦悶の表情を浮かべます。そのうち学生のだれかが「自由とかじゃなくてなにを答えたらいいか、もう少し具体的に指示していただけませんか？」などと言って私を唖然とさせます。そういう彼らは就職活動になると、私が「なんでその企業に行きたいの？」と聞けば、決まって「なんかぁ、若いうちからいろいろ任せてくれてぇ、なんでも自由にやらせてくれそうだから……」と答えます。

正直なところ、私は今の大学を見ていて日本の将来にさほどの大きな楽観を感じません（おそらくは私の学部生時代のゼミの先生も奔放すぎる当時の私たちを見て、また違った理由から今の私と同じような感慨を持っていたとは思いますけど）。とくに穏やかな性格をした本学の学生諸君は、中学・高校を経て大学に入学するころには完全に牙を抜かれており、自由に原野を走り回ってなにかを捕まえたり、傷をつけたり、かみ切ったりする体力を致死的に奪われています。歯は与えられた干し草をもさもさと食《は》むための臼歯にすべて入れ替わっており、時間が来るとぞろぞろと群れについていって静かに教室に座ったまままだれかがなにかを与えてくれるまで辛抱強く待つことを厭いません。投資銀行や米系のコンサルファームといった、どちらかというとジュラシックパークの肉食恐竜ゾーンの中で長い暮らしをしていた私にとって、大学の風景はこのように写ります。そして、学生たちの過ごし方はそれはそれで哺乳類の生存戦略としてさほど間違っていないのかもしれないと、たまにですが、思い返すこともあります。

学生諸君はそういう私のただならぬキケンな獣の気配を嗅ぎつけて、「正解にたどり着く」ことは「自分の頭で考える」こととはどうやら少し違うようだと察し始めます。そして、「自分の頭で考えることができない」とか「自分の頭で考えるということはむずかしい」としみじみ言い出します。それを聞いて私はますます悩むことになります。この大学に来るまで「自分の頭で考えるということはどういうことか？」などという悠長な疑問を持ったことがなかったので、いまさらそれを言葉で説明してやらなければならないなんて。たしかにそれはそれで哲学的な問いではあるけれど。

では逆に自分の頭で考えていないということはどういうことか？　実はビジネスの世界でも、研究者の世界でもそうなのですが、自分の頭で考えているようで実はそのように錯覚しているという現象——言い換えればオールを握っていたつもりでもセールを張っている現象——はよくあることです。たとえば次のような現象です。

・他人が解釈した考え方や主張を検索しただけで満足してしまい、その考え方や意見が真実かどうかを疑わない。あるいはそれがいつのまにか自分のアイデアだと錯覚してしまう。
・とくに意見や主張をしている人間に権威があると途端に疑うことをしなくなる。
・他人が考えたアイデアや世の中の通説に追従しているだけで、自分独自の洞察力や想像力を供給できない。
・自分がとらえた現象であるにもかかわらず安易に既存の理論をあてはめてしまうだけで自分の付加価値を提供できない。
・周囲の目にとらわれ、他人と異なる自分独自の視点や自分自身の判断基準を持てなくなる。

このような人々が集まると組織は思考停止に陥り、気がつけばみんなセールを張って同じ方向に向かっていたりするものです。ひょっとしてこれは大学の話ではなくて今の日本企業の多くの現場で見られる現象ではないかと私は大学に来て改めて感じました。今の学生諸君を見ていると将来そういう組織に拍車がかかりそうで少しだけ不気味な気持ちになります。それは私の思い違いかもしれませんけど（思い違いであることを願っています)。

――因果関係が存在するとはどういうことか?

因果関係に着目することが、科学的な思考プロセスの第一歩だとの話から始まり、原因から結果へ、根拠から主張へと論理を構成させる方法を論理学の推論という視点からお話ししてきました。ただ、科学的という厳密な言い方をしないまでも、われわれは日常的に因果関係に関心を持っています。自分でものごとを考えるというのは多くの場合「なぜこんなことが起きたのだろう?」とか、「なにが原因でうまくいくんだろう?」というように自分なりの因果関係を発見しようとすることをおそらく意味しているし、ものごとを理解するというのも「これが理由でこうなってるんだな」とか、「これが根拠でそう主張しているんだな」というように、因果関係の連鎖を追っているケースが多いはずです。反対に衝動的な行動をとるときは、結果だけを見て原因については注意を払いません。これまでお話ししてきたとおりですが、だから因果関係は人間にとって思考の重要な骨組みです。

しかし、われわれはそのようにものを考えたり、理解したりする際、その因果関係が本当に正しいのかどうかをふだんは厳密に考えることもなく安易に受け容れています。オールを握ろうとする意思があっても、ふと気づくといつの間にかセールを張って風にのってしまう特性を元来持っているのが実は人間です。よく考えてみれば気がつくことではありますが、あることが原因となってある結果を生んでいるという関係はかなり複雑で、その原因がその結果を本当にもたらしたのかどうか、ものごとの原因をはっきりさせることはさほど容易ではありません。元来オールを握ることはむずかしいということです。

そこで、実際に因果関係が存在する、つまり原因と結果が正しくマッチングしていると判断するにはいささか面倒な関門をくぐり抜ける必要があります。因果関係を判定するガイドラインは科学の業界内では古くから段階的に決まっており、これを網羅するのは複雑な話になるのですが、ここではシカゴにあるロヨラ大学の心理学者ユージン・ゼックミスタとジェームス・ジョンソンが提示しているガイドラインに倣います。因果関係があると判断するためには次の三つの原則に従います。[*20]

(1) 相関の原則

(2) 時間的順序の原則
(3) 交絡因子《こうらくいんし》排除の原則

まず、(1)の相関の原則とは、出来事Xと出来事Yが因果関係にあるならXとYは一緒に変化する、つまりXの定量的な観測値や定性的な状態に変化が起きれば、時間とともに同時にYのそれも変化していなければならないという原則です。変化の方向性は問いません。Xが上昇すればYも上昇するかもしれないし、逆にXが上昇すると同時にYは下落するかもしれません。たとえば筋力トレーニングをすることと筋肉が増加することに因果関係があるとすれば、トレーニングの時間が増えれば増えるほど筋肉量が増加したり、エクササイズをしている人ほど筋肉量が多かったりというように、何らかの測定値が連動して変化することが観測されるという意味です。

次に、(2)の時間的順序の原則は、出来事Xを原因として出来事Yが起きるという因果関係にあるなら、先にXという出来事が起こり、その後にYという出来事が起こらなければならないという原則です。これは疑いようのない極めて単純な基準です。

最後に(3)の交絡因子排除の原則は、出来事Xを原因として出来事Yが起きるという因果関係にあるなら、出来事Yという結果をもたらしたことが出来事Xという原因以外では合理的に説明ができないという意味です。

以上三つの基準が因果関係を成立させるための条件とされています。

――相関関係はあるが、時間的な順序が逆？

三つの基準はいずれもごくあたりまえのことばかりで、このことを知ったからといってなにかの役に立つとは直感的には思えません。しかし、次のようなケースを考えてみてください。これは谷岡［2000］[*21]に紹介されたものをほぼそのままの形で掲載しています。谷岡［2000］によれば、『朝日新聞』が1998年9月7日に紹介したスタンフォード大学のミカエラ・キルナン博士による研究の記事をわかりやす

＊20 Zechmeister, E. B. and J. E. Johnson[1992] *'Critical Thinking: A Functional Approach'*, International Thomson Publishing, Inc.
E・B・ゼックミスタ／J・E・ジョンソン［1996］（宮元博章、道田泰司、谷口高士、菊池聡：訳）『クリティカルシンキング 入門編　あなたの思考をガイドする40の原則』（北大路書房）

＊21 谷岡一郎［2000］『「社会調査」のウソ　リサーチ・リテラシーのすすめ』（文春新書）

くするためデフォルメしたものですが、ほぼ似通った内容です。この新聞記事、というかマリエ・アンゾ博士の実験には致命的な問題が存在します。一体どのような問題でしょうか。

ダイエット食品は減量に役立つか？

《ダイエット食品の効用に疑問を持ったマリエ・アンゾ博士は、ランダムに選んだ男女1000人ずつ、合計2000人に一日に食べるダイエット食品の回数と量を尋ねてみた。ついでに各自の肥満度（(身長−体重)÷110）も測定してみた。その結果、次のことが判明した。

(a) ダイエット食品を食べる回数が多ければ多いほど、肥満度が高い。

(b) ダイエット食品を食べる量が多ければ多いほど、肥満度が高い。》

結論として、マリエ・アンゾ博士は、ダイエット食品はあまり効果がないばかりか、逆の効果が観察されると発表した。

（出所：谷岡［2000］）

多くの人はきっとこの記事を読んで「あらあら、ちょっと！　ダイエット食品て食べたら太っちゃうの？」とおどろいたはずです。読む前に致命的な問題が存在すると言われなければ、記事のキャッチーなコピーも手伝って、ダイエット食品への疑惑を深めていったかもしれません。「そういえば毎日食べてるのに全然効果がないな」なんて。

さて、記事に書かれているマリエ・アンゾ博士による実験の致命的な問題について少しだけ考えてみてください。

まず、この実験が行われている場面を想像してみると少しわかりやすくなります。広い会場にランダムに選ばれた男女1000人ずつの2000人の被験者が集められて椅子に座っています。会場の隣の狭い別室にマリエ・アンゾ博士とおそらくその助手がいて、助手が一人ずつ被験者を呼びに行きます。「次の方、どうぞ～！」別室に入ってきた被験者に一日に食べるダイエット食品の回数と量を尋ねて記録します。そして「じゃ、すみませんが、こちらの体重計と身長計、靴脱いで乗っかっていただけますか？」そう言って、その人の体重と身長を記録します。終わったらまた「次の方、どうぞ～！」これを2000回繰り返します。マリエ・アンゾ博士もその助手も徐々に作業に慣れてきます。「はい、では次の方、どうぞ～！」と呼ばれて入ってきた被験者を一目見た瞬間、ダイエット食品を食べている人かどうかはもはやおおよその見当がついてきます。いかにもダイエット食品を必要としている肥満気味の被験者と、ダイエット食品とはまったく無縁のスレンダーな被験者がいるはずです。肥満気味な人はきっとダイエット食品を利用している可能性が高いでしょう。

つまり、一日に食べるダイエット食品の回数と量が多いから肥満度が高いのではなくて、ただ単に肥満度が高い人がダイエット食品を食べているだけだった、というのがこの実験から得られたかなりガッカリな結論です。この実験を行えばたしかに「一日に食べるダイエット食品の回数と量」が多い人ほど肥満度は高いというデータが得られたはずです。両者の間には相関関係が見られたかもしれません。しかし、それはダイエット食品を食べた（原因）から肥満度が高い（結果）のではなく、肥満度が高い（原因）からダイエット食品を食べている（結果）、つまり相関関係はあるが、原因と結果の時間的順序が逆になっているということです。

こういう例は世の中で枚挙にいとまがありません。実はここで引用した谷岡［2000］は私が修士課程に入ったときにある講義の参考文献として紹介され、私が論理学を学び直すきっかけになったものです。谷岡［2000］は決して論理学の本ではありません。この例にあるような間違った社会調査を「ゴミ」と呼んで実名入りで批判し、「(世の中）の社会調査の過半数は『ゴミ』」であると指摘しています。実に共感するところです。彼は、ゴミを巻き散らかして社会に悪影響を与えている主体はマスコミ、研究者、政府、社会運動グループなどであって、ゴミを文献に引用してしまうため「ゴミは（引用されたり参考にされたりして）新たなゴミを生み、さらに増殖を続け」ていることを嘆いています。ますます共感する限りです。第3話でお話ししたように人間がヒューリスティックに自ら陥ってしまって推論を誤る、もしくはヒューリスティックを意図的に利用して自分の都合のいいようにデータを解釈するといった具合です。

たとえば、日本企業の利益と従業員給与との間に相関があることをもって「従業員に給与で報いている企業ほど利益を獲得している。やはり日本企業が利益をあげるためには従業員にインセンティブを与えることが大事だ」などと解釈をしてしまうことです。その可能性が皆無だとは言いませんが、給与が高いから高い利益が得られたのではなくて、利益が高いから高い給与を支払っていると解釈することのほうがずっと自然です。このデータを見たときに得られるべき結論はただ単に「儲かっている企業の給料は高い」というごくあたりまえのことにすぎません。

あるいは、日本企業の設備投資額と売上との間に相関があるというデータを示して「積極的な設備投資を行った企業は売上が成長している」と言われたらいかがでしょうか？　これも原因と結果の時間的順序が逆です。設備投資を行ったから売上が伸びたのではなく、その逆で一般的に売上規模が大きい企業はそれなりに大きな設備を持っている（メンテナンスを含めた設備投資が必要だ）ということにすぎません。従業員のインセンティブや積極的な設備投資と企業の収益性との関係はここ十数年ずっと日本の政府が言い続けてきたことです。

先ほどお話ししたように、相関関係は出来事を象徴的に表す変数Xが変化するにつれて、別の出来事を象徴的に表す変数Yが同時に変化する関係をいいます。これに対して因果関係は変数Xが変数Yの変化を引き起こしているということが証明されなければなりません。相関関係があっても因果関係があるとは限らないわけです。

――相関関係はあるが、交絡因子が排除できない？

現在は世の中全体の情報開示が進み、政府からも民間からもさまざまなデータが公開され、だれでも簡単にデータが取れ、さらには表計算ソフトさえあれば相関関係を知ることはさほどむずかしいことではなくなっています。それだけに本来データの解釈は慎重にあるべきなのですが、むしろ安易なデータの解釈が行われやすくなっています。ここでも谷岡［2000］から抜粋したちょっとおもしろい例をご覧いただきます。

これは『産経新聞』に掲載された『厚生白書』（現在の『厚生労働白書』）に関する記事です。あまりにもおもしろかったので私自身も原典をあたり、その存在を確認しました。畳の数が多い県ほど子供の数が増えるという、ちょっとシュールなヘッドコピーで始まります。

畳多いほど子供増加　円滑な住宅供給訴え　子育て負担の軽減に道

厚生白書は分析結果をもとに、子供を増やすためには「公共住宅などの円滑な供給が必要」と訴えている。（中略）1人当たりの畳の数（住宅の広さを畳に換算）が12・9畳とトップの富山は、一世帯（世帯主が49歳以下）当たりの子供（未成年）の数も2・3人と最も多かった。全国的にもある程度の相関がみられる。（中略）厚生省の出生動向基本調査でも人口100万人以上の大都市では子供を持とうとしない理由として、24・5%が「家が狭い」を挙げている。

（出所：谷岡一郎［2000］を筆者が一部修正）

実際の当時の『厚生白書』では「子供の数」と「畳の数」を縦軸と横軸にとったグラフに各都道府県がプロットされています。そのグラフによれば、たしかに富山県は畳の数が全国トップで子供の数も上位に位置しています。しかし、一人当たりの畳の枚数で子供の数が決まると言われても……これはかなり眉つばな話です。どのあたりに問題があるか具体的に指摘できるでしょうか？

谷岡［2000］の解説を参考にしながらご説明しますと、まず、人口過疎地域はその地域の文化的伝統により都会より子だくさんの家庭が多いと考えられます。このことはおそらく専業主婦が相対的に多いことも関係するはずです。また、そのような地域は大都市に比べて家屋のスペースが相対的に広いことも想像できます。となると「子供の数」と「畳の数」が相関するのは似たような地域文化から生じた結果であって、ある意味であたりまえということです。つまり、「畳の数」という原因が「子供の数」

という結果を招いているのではなく、相対的な人口過疎地域の「文化的伝統」という交絡因子が「子供の数」に影響を与えていると考えるべきです。

あるいは、「畳の数」が多いから「子供の数」が増えたのではなくて、「子供の数」が増えたので、ただ単に広い家に引っ越したと考えたほうが自然です。前節でお話しした時間的順序が間違っているとも考えられます。谷岡［2000］は、紙幅の限界があり「決定的におかしな点」を指摘しただけで「他におかしな点や疑問点がないという意味ではない。念のため」と加えています。ここまでのデータを採ったならもう少し説得力のある統計的な処理をするか、少なくとも相関係数くらいはすぐに示せるだろうと思ったのですが、谷岡［2000］はその点も自ら実際のデータに当たっていて、彼によれば「子供の数」と「畳の数」との間には極端な例を除くと、そもそも弱い相関係数しか出なかったと言っています。

私はそれ以上に、家の広さを畳の数でわざわざ換算している点に意図的なものを感じます。これはどうやら厚生省（現厚生労働省）が少子化対策の立ち遅れに対して「子育て支援を行う社会的な合意を作りたいため」に発表したデータだったようです。もちろん子育て支援はとても大きな政治的課題であり、担当省庁として広く国民に知らせる必要があるとは思いますが、このような作為的なデータを根拠にしてしまうと台無しです。当該記事に対して谷岡［２０００］の指摘は胸がすくほど厳しくて「問題は、その根本である調査や分析がまったく意味のないものであるにもかかわらず、数字だけが一人歩きを始めることである。お役人が各所で説明してまわるゴミでしかない調査結果は、往々にして次のゴミを生み出したり、より大きなゴミに化けたりするものである」と述べています。私もいつかは谷岡［２０００］のような堂々たる持論を本で展開できるような学者になりたいと感じた次第です。

さて、過去の『厚生白書』までめくらなくても交絡因子の例はいくらでも挙げられそうです。たとえば、

「語彙力のレベルを測るテストを行った結果、語彙力と体重との間には統計的に有意な相関関係があることが明らかとなった。太っている人ほど言葉をよく知っている」

と言われたらいかがでしょうか？　直感的にヘンだとは思います。ウチの大学の学生にこのクイズを出したら「マツコとか、そうなんちゃいますか？」と納得していましたが、交絡因子は一言で答えることができます。この場合の交絡因子は年齢。語彙力のテストをすれば小学生より高校生のほうが得点は高いに決まってます。平均体重も小学生より高校生が重いのはあたりまえです。

では、こんなのどうでしょう？

「高校生を対象に調査した結果、髪の毛の長さと短距離走の成績には強い相関があることがわかった。髪の毛が短い人ほど短距離走の成績はいい。つまり短髪にすると空気抵抗がなくなって走るのが速くなると言える」

これも一言で交絡因子を指摘できます。答えは性別。高校生が短距離を走れば普通は男子のほうが速いに決まってます。そして、髪の毛の長さの平均を測れば、これも普通は男子より女子のほうが長いことは自然です。[*22]

美しいストーリーには要注意

これまで既知の事実に基づいて未知のものを推論すると言ってきましたが、問題は人間は既知の事実——見知った情報——を過剰に一般化してしまうこと、そして一度一般化してしまうとその不自然さを疑わなくなることにあります。

＊22　以上の語彙力のテストと高校生の短距離走の話は先のZechmeister and Johnson [1992] で挙げられた例を参考に一部を修正したものです。

既知の事実は常に信頼できる客観的なデータを備えているわけではありません。そういうなかでなにかを判断する場合、われわれは自分の個人的な経験に基づく「直感」に過剰な依存をしてしまいます。第3話で述べたとおりですが、このようにして簡便で便宜的な経験則のことをKahneman［2011］はヒューリスティックと呼び、ヒューリスティックが災いするさまざまな誤謬の例を挙げています。

もちろん経験則から来る判断はいつも正解とは限らないと同時にいつも誤謬であるとも限りません。ただ、その原因と結果のつじつまの合い方に矛盾や不一致がなく、妙にすんなりと入ってくる美しいストーリーで構成されている場合にはとりわけ注意が必要です。因果関係のストーリーが美しければ美しいほどヒューリスティックはわれわれから疑うというパワーを奪っていき、そのかわりに自分にとって都合のいい思考と情報のみを脳の中から呼び覚ます仕組みになっています。

次の例などいかがでしょう？　経済メディアなどが大好物とするパターンで、よくありがちなストーリーです。

A社の業績が今期急回復を果たした背景には経営トップの交代がある。

昨年A社では、これまで長期政権を保ってきた山田社長が退任し、田中社長が新たに就任した。田中社長は取締役からいきなり5人抜きでトップに大抜擢された若手のホープだ。田中社長は就任するや否や社内外を動き回り、次々と新たな施策を打ち出した。

田中社長はまず全国の支店に赴き、若手社員と酒を酌み交わしながら社内の問題を吸い上げ、同時にトップ自ら主要顧客を訪問し、トップセールスよりもむしろ現状の当社サービスに対する顧客ニーズを徹底して精査したという。

このようなきめ細かく精力的な田中社長の行動はどれもが大当たりし、ふたを開けてみれば、長らく低迷が続いていたA社の業績は今期早くも大幅な営業利益増を果たすに至った。

ある出来事をきっかけにそれ以前の状況とそれ以降の状況に変化が現れたというのは日常でも頻繁に用いられる論法です。しかし、その出来事と状況の変化との間の因果関係という厳格な視点から見ると、この推論は一般的に考えられているほど有効ではありません。そのきっかけとなった出来事にわれわれ人間はともすると自分にとって理解しやすくて象徴的なものへと目が行ってしまうからです。

たしかに田中社長の就任という事実の後にA社の業績回復という事実が起きていま

す。しかし、田中社長の就任が原因となってA社の業績を回復させたという結果に唯一与えられている証拠は、田中社長が就任する前まではA社の業績が低迷していて、田中社長の就任後に大幅に営業利益が増加したというだけのことです。企業の業績に変化が起きたというわけですから、本来であればさまざまな要因を検討すべきところですが、ここに田中社長個人に関する情報が付加されていくと他の要因を見失います。

企業の規模にもよりますが、だいたい社長一人が交代したくらいで企業一社の業績が短期間のうちに大きく改善するということは普通は考えられません。むしろ外部要因を検討することのほうが自然です。田中社長の就任と同時に景気が良くなったのかもしれませんし、このA社の事業全体に影響を及ぼすなんらかの産業サイクルに過ぎなかったのかもしれません。内部要因があるとすれば、前任の山田社長が打ってきた施策がたまたま田中社長が就任した時期に花開いたのかもしれません。この場合は山田社長だけではなく、A社の業績回復には他にもっと貢献の高かった現場の管理職や社員がいたかもしれません。そもそも田中社長が行ったことは、全国の支店に赴いて若手社員と酒を酌み交わしたり、顧客ニーズを精査したり、たしかに経営トップとしては精力的な動きをしてはいますが、冷静に考えてみるとどれも営業利益の短期的な改善につながるとは思えない情報ばかりです。

さらには田中社長が5人抜きで抜擢された若手のホープであることと企業の業績とはなんの関係もないはずです。ところが、業績の急回復という結果と若手のホープ田中社長の就任という象徴的でだれにもわかりやすいイベントに目を奪われてしまいます。ここに「田中社長ってこれまた人情味がある人でさあ」とか、「田中社長って実はわりと苦労人なんだよねー」とか、「入社したときからダントツに優秀だったらしいよ」といった誇張された情報が後から後から尾ひれを加え、ついには「ビバ、田中社長！」状態ができ上がり、もはやどこまでが真実だったのかだれにもわからなくなります。それはそれでA社にとっては悪いことではないかもしれませんが、この例のように、起きた結果を後になってわかりやすい理由で説明してしまう後知恵バイアスが駆動して真実は見失われます。

経営者の能力が企業業績に与える影響は誇張されている？

もちろん経営者の能力が企業の業績に影響を与えることなどありえないとは言いま

せん。むしろ経営学の分野には経営者の能力と企業業績の関係を分析する研究は数多く存在します。ことさら偉大な経営者のバイオグラフィをテーマとしたビジネス書は書店で大人気です。次から次へと似たような新刊が常に平積みにされています。しかし、スイスの経営学者フィリップ・ローゼンツヴァイクは、このようなビジネス書ではリーダーの個性や経営手法が業績におよぼす影響を常に誇張しており、ほとんど役に立たないと一刀両断にします。

私はさすがにそこまで言いませんが、経営者の能力や経営手法と業績や株価との間に一貫性のあるパターンが現れたときには多少の注意が必要だと思っています。それらが企業業績や株価に影響を与えるとしてもその度合いはわれわれが想像しているよりもはるかに小さいとまずは考えるべきです。先に紹介したカーネマンはそのような関係のことを「蜃気楼のようなものである」（Kahneman［2011］）と表現しています。

しかし、とりわけメディアは名経営者のリーダーシップに注目をします。「今年株主価値を高めた経営者ランキング」とか、「業績を伸ばした経営者ベスト10」といった感じですが、果たして経営者の能力が業績を改善する確率はどれくらいあるのでしょうか。

この確率を多少はマジメに理屈で説明しようとすれば、優れた経営者とそうでない経営者がそれぞれ率いている、なるべく同じような条件の企業のペアを作って比較することになります（この時点でかなり無理があるとは思いますが、仮にそういうペアが作れたとして）。もしも優れた経営者が１００％の確率で企業の業績を改善できるとすれば、経営者の優秀さと企業の業績との相関関係は１・０です。逆に経営者と企業の業績はまったく関係がないとしたら確率は五分五分、つまり経営者と企業の業績の関係は単なる偶然に過ぎないとしても、パッとしない経営者が優れた経営者に率いられた企業よりも好業績をあげる確率は50％あるはずです。仮に、いやいや経営者と企業の業績の相関は必ずしもゼロではなく、０・３くらいはあるだろう（やや弱気ですけど）としたら、優れた経営者がいる企業があまりパッとしない経営者がいる企業より好業績をあげる確率は60％に過ぎないということになります。運だのみよりわずかに10％高いだけです。[23]

*23　この例と同じような説明がKahneman［２０１１］にも記載されており、それを参考にしています。

原因と結果の帰属錯誤がもたらす大きな社会コスト

カーネマンは、システム1のせいで人間は手持ちの限られた情報を過大に評価して他の要因を探る努力をしなくなると言います。そして、手持ちの情報だけで考え得る最善のストーリーを組み立て、そのストーリーが心地よいものであればあるほど信じ込んで疑わなくなります。田中社長のサクセスストーリーを信じ込むことはだれにとっても気持ちいいし、だれも傷つけることがありません。

ところが、今回の田中社長のケースは業績が回復したという話なのでよかったものの、逆に田中社長が就任した後に業績が突然悪化したとなった場合はどうでしょうか。「やはり田中社長の若さが災いしたな」とか、「だいたい山田社長が田中社長を抜擢したことが無謀な思いつきだったよな」とか、「田中社長って入社したころは優秀だと言われてたけど、その後は大した実績ないんだよね」とか、田中社長自体は変わらないのに人々の解釈は成功と失敗ではまったく変わってしまいます。

このようにシステム1が引き起こすバイアスは、結果が悪い場所に居合わせた人に対してとりわけ残酷に作用します。大きな設備投資を行って挑戦的な事業を行った経営者は結果がうまくいけば「さすがだ」と言われますが、結果が悪ければ「なぜあんな無謀な投資をしたんだ」と責められますし、患者のためにリスクの高い手術を実行した外科医は手術が成功すれば「ブラックジャックなみの天才外科医」と称賛されますが、患者が亡くなれば「自分の技能を過信した医師」と非難されるか、悪ければ「医療過誤」で訴訟されることになるし、9回裏の逆転チャンスにセンターの返球がもたついているのを確認した上でランナーをホームに突っ込むよう腕をグルグル回した3塁コーチは、ランナーがセーフになれば大絶賛を浴びますが、アウトになれば戦犯モノの扱いを受けます。

このようなケースはメディアが掻き立てる程度のことで、世の中にとってさほど深刻な問題にならないかもしれませんが、システム1のバイアスによって原因と結果の帰属を錯誤してしまうことは時として大きな社会コストを生むことになります。

Kahneman［2011］は、このように人間が犯す認知的なバイアスを「後知恵バイアス（hindsight bias）」や「結果バイアス（outcome bias）」と呼び、リスクを取った者に対して不当な見返りを与え、その意思決定の評価に致命的な影響を与えるものとしています。そして、人は自分の決定が後になって詮索されやすいと考えると「標準的な業務手続きに従ってさえいれば後からとやかく言われる心配はない」と無難な手続きのみに時間を割くことになります。そのうちに世の中全体がリスクを取らなくなって「お役所的なやり方に走りがち」になるというのがカーネマンの指摘です。彼は、医療過誤訴訟がひんぱんに行われるようになった現実を例に「医師は多くの面で手続きを変え、検査の回数を増やし、患者を専門医へ回すようになり、さほど役に立ちそうもなくても慣例通りの治療を施すようになった。これらは患者に恩恵をもたらすと言うよりは、医師の立場を守るものであって、利益相反の可能性は否めない」(Kahneman［2011］)とし、説明責任を増やすことに批判的な考えを述べています。

このような社会コストは今の日本に渦巻いています。まったく役に立たない学内委員会をいくつも作り、だれも読まない報告書ばかり書いているうちに教育や研究に費やすべき時間と情熱を教員から奪っている日本の大学組織の例を挙げるまでもなく、最近の企業の経営環境も結果バイアスがもたらす社会コストに喘いでいます。

こんな話を安易に信じていませんか？

システム1の働きによって、ファイナンス学者にかかわらず私たちは常に自分の周囲で起きた衝撃的な出来事に注意を向け、その出来事の原因について絶えずなんらかの説明をしようと試みます。そして、私たちが作るその説明に対するストーリーは単純でわかりやすく具体的です。決して偶然では済ませず、その出来事の主役となった人物の優秀さや愚かさや意思の強さといったもので説明したがります。Kahneman［2011］では『ブラック・スワン』の著者であり統計学者であるナシーム・タレブの言葉として「私たち人間は過去について根拠薄弱な説明をつけ、それを真実だと信じることによって、のべつ自分をだましている」と引用しています。[*24]

自分をだますだけならまだ罪はありませんが、システム1の作用による人間の迂闊さを利用して他人をだますこともきっと可能です。

「うちの塾は小学校低学年から募集を受け付けています。当塾だけが行っている特有の低学年向け教育システムによりむしろ早くから入塾した生徒ほど勉強する習慣が身ついています[*25]」

＊24　Daniel Kahneman [2011], *'Thinking, Fast and Slow'*, Penguin, London
＊25　Kahneman［2011］を参考にわかりやすくするため筆者が一部修正しています。

こんな学習塾の宣伝を見かけましたが、いかがでしょう？　仮にこの塾に入った低学年の生徒に勉強する習慣が身についたことが事実であるとしても、それはその塾が提供した特有の低学年向け教育システムのせいではなく、単に低学年から塾に通ったことで勉強の習慣が身についただけという可能性はあります。もしくは対象が低学年の生徒ですから、ただ単に年齢が上がるにつれて自然な成長をした結果、勉強するようになったに過ぎないと考えるほうが自然です。この教育システムがもたらす効果のみを測定することはかなりむずかしいと思われます。

「当社製品の売上成長は競合他社に比較するともう一つパッとしないが、顧客満足度調査を実施してみると5点満点中4・5点を獲得している。当社製品の潜在能力は高いはずだ。自信を持って強気の販売計画を立てよう」

顧客満足度調査を熱心に勧めるマーケティング会社やコンサルティング会社には注意が必要です。顧客満足度調査はほとんどの場合、どの会社でも5点満点中4点くらいにはなります。その商品やサービスが気に入って利用しているのが顧客ですから、その顧客を対象に満足度を測っても意味がありません。私の経験から言えば、顧客満足度調査に限らず定量的なアンケート調査にはかなり慎重な方法と解釈が必要です。

「空中戦から無事に帰還した戦闘機の尾翼がいずれの機も攻撃されて損傷しているの

を発見し、尾翼を強化すべきだと進言した部隊長はさすがだ。観察力、思考力が人並み以上に優れている」[*26]

この部隊長の判断は正しいでしょうか？　やや物騒な例ですが、尾翼が損傷していたとしても少なくとも空中戦から帰還したわけですから、むしろ尾翼は致命傷になっていないと判断するべきです。必要な情報は、空中戦で撃墜された戦闘機の情報であって帰還できた戦闘機の情報ではありません。

われわれがバイアスから逃れられない理由

こう申し上げるにはいささか憚られることではありますが、私は人をだますことはあってもだまされることは滅多にないことを自負している人間ではあります（そう豪

*26　統計学者エイブラハム・ワールドの功績としてよく引き合いに出される生存者バイアスの例ですが、Wald, Abraham [1943] '*A Method of Estimating Plane Vulnerability Based on Damage of Survivors*', Statistical Research Group, Columbia Universityが原典となります。

語しながら大学生のウソにはコロコロとだまされている日常ですが）。だまされやすい人、だまされにくい人、すぐに人を信じる人、疑ぐり深い人、人はそれぞれ多様な個性を持つ存在です。

しかし、一方で適応進化と呼ばれる生命現象があります。ヒトを含めそれぞれの生物種は長大な時間を生き抜き、進化し続けてきた過程で、周囲の環境に対応して変化できたものだけが生き延びることができます。その結果、生き物は生き延びてきた環境に適応した特有の性質（遺伝情報）を持っているというものです。

われわれが持っているさまざまな認知バイアスやヒューリスティックという思考パターンも適応進化にさらされた結果として現在に至っているものと考えることができます。何千万年もの時間を要して繰り返し環境からかけられてきた負荷に適応してきたわけですから、そうおいそれと自分だけ自由になることはできません。適応進化の結果はすべての人に共通しているものです。咄嗟のときに経験則や先入観を働かせて直感的に対応するヒューリスティックは、人間にとって必要な認知能力を節約するための知恵でもあり、また、身に危険が迫ったときの対応方法でもあったと言われています。無数に存在する選択肢をいちいちすべて検討することは不可能ですし、また自分の生存が脅かされているときにじっくり論理的に因果関係を確認する暇はありません。その結果として生じる認知バイアスから、おそらく人間は宿命的に逃れることができません。

これがセールを張ってみんなと同じ方向に向かうと、往々にして自分にとって間違った場所にたどり着いてしまう理由です。そしてまたオールを握ることがむずかしい理由でもあります。もしもできることがあるとすれば、たとえそれが困難であっても、自分が持っているものの見方には常にバイアスがかかりがちだということを自覚的にオールを握ることだと思います。

サイドストーリー④

――問題解決型では価値が生まれない？

作業として答えが出せる問題解決型アプローチ

ファイナンス理論では企業価値ないしは株主価値という概念について学びます。簡単に言えば、企業が将来にわたってどれくらいのお金を稼ぐかを予測して（予想キャッシュフロー）、その金額を予測に対する不確実性の大きさ（資本コスト）によって割り引いたものが企業価値です。企業は株主から出資を受けたお金を使って事業を行い、自社が持つ競争優位性を発揮することによって価値を生むことになります。大事なことは将来の予測にもとづいて市場が価値を決めるという点です。

言い換えると企業の将来性に価値がつくということですから、どちらかと言えばある意味ポジティブな明るい発想が将来キャッシュフロー予測の基本的なシナリオとなります。しかし、実務の現場において、たとえば企業が自社の経営計画や経営戦略を立案しようという場面では、こういうポジティブな発想で行われることはあまりありません。通常よく行われる方法は、まず現状の問題を特定するという作業から始まります。次に問題が起きている原因を分析し、さらに問題を解決するための課題を設定する、そして課題の実行計画を立案する、といったアプローチ方法です。

つまり①問題の特定、②原因の分析、③解決策の提示、④アクションプランという流れになるのが通常です。こういう方法を問題解決型アプローチもしくはギャップアプローチと呼びますが、私はコンサル会社方式と呼んでいます。揶揄するわけではないのですが、この①から④までの穴埋め問題はだれでもわりと簡単に埋めることができます。問題解決型アプローチは、組織にはそもそも欠陥や問題が内在していることが前提となりますが、人が集まればだいたいなんらかの問題は起きるものです。しかも、それらの問題は往々にしてどの企業でも似たり寄ったりです。だからこの手順でレポートを作れと言われればなにかしらチャチャッと形はでき上がります。

蛇足ですが、「問題」と「課題」は明確に使い分けられます。問題というのは目標に達していないこと、まさに問題（＝problem）です。課題は目標を達成・解決するための施策（＝task）です。「売上が低下している」は問題で、「営業力を強化する」は課題です。よく「課題解決能力」という言葉を聞きますが、厳密に言うと違和感があります。

さて、問題解決型アプローチに対してポジティブな発想から行うアプローチ方法があります。これは組織の問題に焦点を当てるのではなく、組織が持つ本来の強みや競争力のあるリソースを発見することから始まります。次に、その強みやリソースが存分に発揮された理想の可能性を描き、可能性が実現した達成状態を組織の構成員が共有します。そして、希望的な変化に向けて

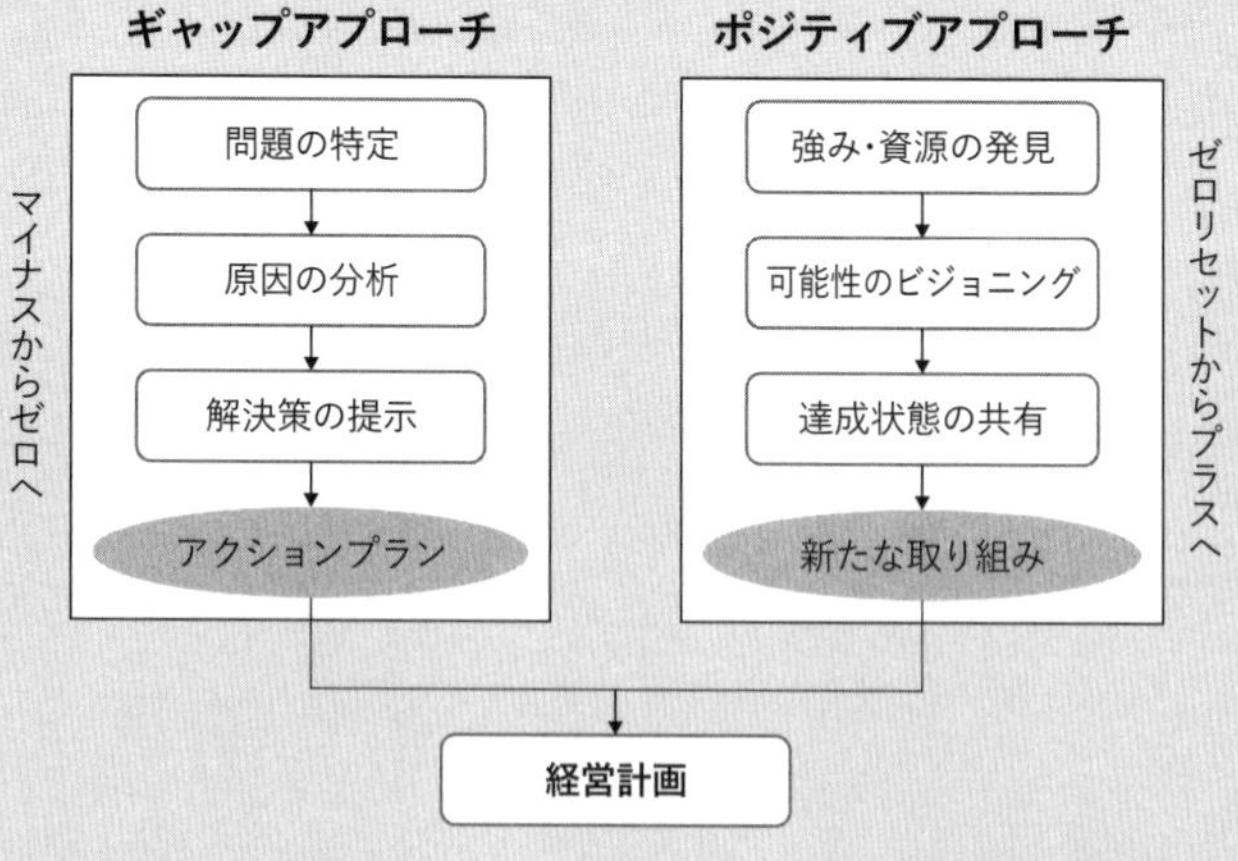

Whitney & Trosten-Bloom [2003]を基に筆者作成

取り組むべき新しい行動を起こすという段取りになります。①強み・資源の発見、②可能性のビジョニング、③達成状態の共有、④新たな取り組み、というこのポジティブアプローチはアプリシエイティブ・インクワイアリー（Appreciative Inquiry：今となってはまぎらわしいですけど略してAIです）と呼ばれ、ここのところ組織開発の研究分野で注目を集めています。Appreciateは「認識する」とか「価値を認める」、Inquiryは「探究する」といった意味に解釈すればいいでしょう。1980年代後半にデイヴィッド・クーパーライダーやダイアナ・ホイットニーが提唱し[*27]、学術的レベルで実証された理論とまでは言えませんが、問題解決アプローチとポジティブアプローチの対比は2000年代に入って、ホイットニーとトロステン・ブルームによって整理されました。

＊27 Whitney, D. & Trosten-Bloom, A. [2003] '*The Power of Appreciative Inquiry : A Practical Guide to Positive Change.*', San Francisco: Berrett - Koehler.

―世の中はなぜか単純化を求めてしまう

2023年3月末に東京証券取引所が「資本コストや株価を意識した経営の実現に向けた対応について」といった開示要請を上場企業向けに発表しました。そこでは日本企業のPBR（株価純資産倍率）が低い（つまり株価が安い）現状を問題だとして、「資本コストを上回る資本収益性を達成」することが推奨されました。そのため、上場各社は資本収益性の代表的指標であるROE（資本利益率）などを改善するための目標を設定し、経営計画を公表するという現象が起きています。これがまさに典型的な問題解決型のギャップアプローチです。①株価が安いという問題の特定があって、それは②資本収益性が低いからだという原因にもとづき、③ROEの目標値という課題が提示され、その結果、④経営計画を公表する、という手順です。

ギャップアプローチはこのように一見なめらかで美しく秩序的なシナリオを形作ります。間違っているわけではありません。これでうまく株主価値を拡大する企業もあるかもしれません。しかし、日本企業がこぞって同じシナリオで同じ方向を向いていることにファイナンス学者としてはちょっとした不気味さを感じてしまいます。ギャップアプローチは、そのプロセスが正しい因果律でつながっているかどうかを慎重に確認する必要があります。そもそもＰＢＲという指標のみを見て株価が安いという問題設定は正しいのか、仮に正しいとしてそれは本当に資本収益性だけが原因なのか、仮にそれが原因だとしてＲＯＥの目標値を掲げることでその問題は解決するのか、といったことは個社ごとの事情に基づいて検討する必要があります。そうしなければ解決策を実行したけどなにも結果は出なかった、ということになりかねません。

これも私の経験ではありますが、問題が解決しない理由はだいたい事実認識の甘さにあります。そして、その甘さは事実の表層しか観察せずに問題を単純化させてしまうところからきます。あるいは、その問題自体が実はそもそも解けない問題である場合です。こうして解決策がうまく機能しないと、もともとギャップアプローチは負の現実を受け入れることが前提なので強力な「やらされ感」から出発せざるを得ないだけに、組織のモチベーションという点でもいささか深刻な事態を引き起こします。ここが「理想の姿」から現実を見下ろすポジティブアプローチの発想とは正反対のところです。

企業の価値は、他社と同じ目標に向かって早く多くこなすことではなく、企業固有の競争優位を発揮して、他社との差異を明らかにすることによって生まれます。たとえば、その企業のみが持つリソースが存分に活用され、他社との差別化が実現し、企業の真価が発揮されたらどうなるかという将来の可能性を想像する必要があります。同時に自社の事業マーケットが今後拡大するのか縮小するのか、顧客はなにを求め、他社がどういう行動に出て、競合関係がどう変化するのかといった自社ではコントロールできない多くの変数を考慮しなければなりません。しかも経営を取り巻く環境はますます複雑化していきます。しかし、ギャップアプローチはそういう複雑な変数をひたすら減らし、逆に単純化させるところに特徴があります。複雑な現象を簡単に説明するため、いま問題にしている目先のこととは関係ないものをとりあえず省略して見せるモデル化の工夫です。

資本主義における現実の市場というものは多様なアイデアが持ち寄られるから正しい答えを出す、つまり企業の固有性と差別化が明確であれば市場で交換が行われるため市場の機能が発揮され、それが一律になってしまうとき市場は機能不全に陥るように設計されています。これはかなり面倒なことで、個別に独立したり相互に影響し合うさまざまな複雑な要素を複雑なまま受け入れて、手間暇かけて評価しなければなりません。そういう場数を踏んでいくことによってしか成り立たないのが市場のシステムです。決して一律に特定の目標に向かってみんなでがんばれば解決するという問題はそこには存在しません。

圧倒的に思考力を必要とするポジティブアプローチ

だからＡＩ（Appreciative Inquiry）論者の多くは、現代のようにますます複雑に変化する経営環境においてギャップアプローチのみでは限界があると言ってＡＩの有用性を主張します。逆に、ＡＩはポジティブなものにしか焦点を当てないという単純な批判も一方ではあるようですが、そういうわけでもありません。ＡＩは悲観的なシナリオから解決策を分析するのではなく、楽観的な状態が頻繁に起きることから発想して組織開発を行うという意味です。企業が抱える問題は必ずしも単独で把握されるものではなく、その問題の存在には必ず企業が理想とする状態が背景としてあるわけで、問題と理想は通常表裏一体の関係にあります。ＡＩは問題を無視しているわけではなく、逆の方向からアプローチしているにすぎません。考えてみれば認知や手法の違いにすぎないと言えなくもありません。

ただ、企業の経営計画を立案するようなケースにおいては、ポジティブアプローチの発想は示唆に富んでいるように思います。ギャップアプローチのように組織がもともと抱える問題というマイナスの要素を挙げて、最終的にそれをゼロに持って行くという消極的な発想は企業が価値を生むための計画を立案する方法としてふさわしい感じがしません。ゼロからプラスへの発想がなければ株主の出資も見込めません。

また、ポジティブアプローチは対話型の組織開発手法で、組織のメンバーが集まって対話を通して行うという出力型で成り立っているところも大事な点です。ところが、私の経験ですが、企業研修などで受講生にポジティブアプローチに挑戦していただくと、これがなかなかうまくいきません。企業の方々はちょっと気を許すとすぐに問題を列挙しようとしてしまいます。たとえ将来のポジティブな想定ができ上ったとしてもすぐに「ただ、ここにはいろいろ問題がありまして」とやはり問題に取り組もうとしてしまいます。

この問題列挙型の思考は日本企業がいまなお冥々裡に蔵している文化なのかもしれないと思うこともありますが、なによりも実際に行ってみると、ポジティブアプローチがギャップアプローチとは違って、圧倒的に思考力を求められることがわかります。自社が直面している現状の問題を認識するのではなく、「自社のどのような強みが将来うまく発揮されるのか」「なぜそれがうまくいくのか」「その結果どのようなことが起きるのか」という論理性がポジティブアプローチには必要です。先に述べたように企業が抱える問題はどの企業も似たようなものだったりするのですが、ポジティブアプローチをまともにやろうとすれば当該企業の独自性を掘り起こさなければなりません。そのためにはかなりの深掘りされた知識や洞察力がないと太刀打ちできません。ギャップアプローチと違ってなかなかチャチャッと形ができあがらないのがポジティブアプローチです。

いくら企業価値の計算方法をマスターしたとしても、そこに代入すべき要素を論理的に組み立てて構造化できる創造性がないと企業の価値を推計することはむずかしいというわけです。ギャップアプローチとポジティブアプローチ、どちらがいいとか悪いとかという評価よりも重要なことは、少なくともポジティブアプローチにはより高い思考力が求められるという点にあると思います。だからポジティブなアプローチを行えばその過程でなんらかの副産物を期待できるかもしれません。

第6話

疑問を持たないとオールは握れない

——科学的な実証というオブセッション

修士課程と博士課程の5年間を費やして私が学位論文に仕上げた研究テーマは配当政策でした。

「デカい図体して配当なんてずいぶん細かい研究したものですね」

などと言われることがありますが、とりあえず「デカい図体」は大きなお世話としても、たしかに幅の広いコーポレートファイナンス理論の分野ではわりと地味めの研究テーマと思われるかもしれません。しかし、配当政策は企業にとっては意外にばかにならない重要な意思決定です。事業を継続していくためにどれくらいの資金を企業内部に保有しておくか、将来の成長のためにどれくらいの資金を新たに投資する必要があるか、そのうえで株主への配分として当期にどれくらいの資金を還元するか、このような重大な意思決定を企業は毎年行わなければなりません。「政策」というくらいですから、行き当たりばったりで決めるわけにはいかず、一定の時間的経過を通じてなんらかの整合性を保つ必要もあります。

配当政策に関する研究はコーポレートファイナンス理論のなかでも古い歴史を持ち、多面的な視点から数多くのすぐれた研究が蓄積されている分野でもあります。つまり、新参者が入り込む余地が限られているわけですが、そのなかで私が着目したのは、どのような要素が原因となって配当政策の判断に影響を与えるのかという企業行動の意思決定メカニズムでした。事業や財務の特性、経営者の考え方、株主の属性などいくつかの既存理論を用いて仮説を構築し、題して「配当政策の意思決定メカニズムに関する多角的実証研究」というエラそうなタイトルに仕上げました。

この研究は書籍となって出版されましたが、今になって読み返してみると、視点やアイデアはなかなか斬新だったものの検証方法といったら目を覆いたくなるようなレベルです。もう十数年前に行った研究なので仕方ないとは言え、できることならすべての本を回収して穴があったらいっしょに潜り込みたいくらいです（そう言うほど売れませんでしたが）。

それはともかくとして、もしも当時の研究をもっとダイナミックでコアなものに発展させようとすれば、そのようにして企業が下した意思決定――配当政策――が株主価値（株価）に与えた影響までを検証するというアイデアもあったかもしれません。実際、配当政策と株価との関係を、精緻なデータとともに高いレベルで検証した優秀な研究は国内外を問わず数多く存在し、学術的にも実務的にも極めて大きな貢献を果たしています。しかし、私の研究が配当の変化と株価との関係にまで及ぶことはありませんでした。そのような研究の方向性は地味めな私の研究の延長線上には必ずしもなかったという言い訳もありますし、当時の私の検証技術に能力的な限界があったと正直に省みることも可能です。ただ、当時も今もですが、私には配当政策と株価との因果関係にどうしてももうひとつ肚落ちがしないという厄介な理由があります。

それは好みの問題とも言えるのかもしれませんが、目先の配当をちょっと増やしたくらいで株主価値がそう安々と拡大するはずがないといった身勝手な信仰のようなものです。そもそもファイナンス理論においては配当政策と株主価値は無関係であるというフランコ・モジリアーニとマートン・ミラーが提唱した有名な通称ＭＭ理論を出発点としています。

さて、オールを握るためには原因と結果を正しくマッチングさせなければならないというお話をしてきました。ファイナンス学者の世界でなんらかの因果関係を科学的に説明するということは、今のところ、データを集めて統計学の知見を用いた手続きを経て実証にいたることを意味します。しかし、実は因果関係を実証することはおろか、因果関係という概念そのものの存在すら自明ではないという議論がアカデミアの世界では行われてきました。「科学的な根拠がある」とか「科学的に実証されている」という言い方をよく耳にしますが、そもそもこれは一体どういう意味でしょう。科学的な根拠さえあればオールを握った自分が向かっている方向を信じていいのでしょうか。本章では多くの人が疑わない「科学的な実証」という固定観念（オブセッション）をテーマに因果性とはなにかという問いに挑みます。ここにきて科学的な思考プロセスのギアをさらにシフトアップさせます。

因果関係の重要性をこれほど強調しておきながら申し上げるのも憚られますが、ビジネスの世界はもちろんのこと、とりわけ社会科学の分野では因果関係の存在が100％の正しさで実証されることはありません。周囲の風に惑わされずオールを握って自分だけの「だからこうしよう」を作るためには因果関係という概念そのものの存在ですら一旦は疑ってみることが必要です。そして最終的に「意気と度胸と勘」の勝負に持ち込むことになります。

配当が高い企業の株価は本当に高いのか?

とくにここ数年は顕著ですが、企業の決算シーズンになると毎年のように株式市場では増配ブームとも呼ばれるような現象が起きて、株主還元が株価を上昇させたというメディアの報道で賑わいます。私の身勝手な信仰とは裏腹に、一般的にも配当を多く支払う企業の株価は高いと信じられているようです。しかし、配当と株価との因果関係を実証するというのは科学的見地に立ったとしても実際にはかなり困難です。

「A社の株価は大幅増配の発表を受けて急上昇した」

「配当をより多く支払う企業の株価は高い」

このように企業の増配が原因となって企業の株価が上昇する結果を生んだという、現実には直接観察できない因果関係を実証するためには通常「検定」という統計的な方法を用います。検定は文字通り正か否か、黒か白か、二つのうち一つをハッキリと断言してしまうことが目的です。たとえば薬が効くのか効かないのか、二つに一つです。こう言うとまず多くの人は反論するかもしれません。

「でも薬がよく効くとかあまり効かないとか、人によって効き方が違うんだから二つに一つじゃなくて程度に差があるんじゃないですか？」と。

その通りではあるのですが、しかし、科学的にはそういうものを推論とは呼びません。もし科学として意味のある判断をしなければならないとしたら薬を認可するかどうかのあくまで二つに一つです。そのためには効果があるのかないのか、安全なのか危険なのか、二者択一ができなければ意味がありません。この点がとても大事なところです。

そこで、「増配は企業の株価に影響を与えている」という推論を行うためにはまず、「増配は企業の株価に影響を与えていない」という仮説の検定を行うことになります。この仮説のことを帰無仮説と呼びます。なぜそんな遠回りなことをするのかというと、「影響を与えている」という状況は強い影響から弱い影響まで無数にあるからです。つまりこの推論が正しいという状態は無限に存在し、検定すべき対象もその数だけ無限に存在することになります。これでは検定すること自体が不可能です。

しかし「影響を与えていない」状態はゼロ一つに決まります。このことを統計学では相関係数がゼロであるという計算をして表現します。そこで、この「影響を与えていない」という帰無仮説を検定して、帰無仮説が棄却された場合、つまり配当と株価との間には相関がないと判断された場合に帰無仮説と排他的な関係にある「影響を与えている」という本来主張したい仮説が採択されるという手順になります。

検定のためにはデータが必要です。たとえば企業の過去の株価データ、これに加えて企業の過去の配当のデータを集めます。もしもこの二つの事実の間にまったく関係がないとしたら（もしも配当の変化と株価はまったく関係がないとしたら）それはどれくらいありえないことなのかを統計的に判断するわけです。

統計学には有意水準という合意があって、そのありえなさ加減がどれくらいかを判断するレベルが決まっています。そのレベルによって、なんの関係もないとしたら、それは現実にはありえないくらい稀なことが起きていると判断されることになります。たとえばデータを使って100回実験を行ったところ、配当の変化と株価との間には何の関係もないという確実な結果が得られたのはわずか5回すらなかった（有意水準5％未満だった、つまり5％も起きないくらいに稀なこと）としたら、それは「関係がない」とは言えないと判断するわけです。要するに「関係がない」証拠としては科学的に無視できるという意味です。かくして「増配は企業の株価に影響を与えていない」とした帰無仮説はめでたく棄却され、「増配は企業の株価に影響を与えている」という本来の仮説が採択されるという結論になります。科学的な実証というものはおおまかですが、このようなプロセスで仕上がっています。

となると、以上のような面倒な手続きの末に、仮に「配当は企業の株価に影響を与えている」ということが検証されたとしても、その科学的推論は100％の正しさが保証されているものではないということがおわかりいただけると思います。100％の正しさどころか、そもそも最初の仮説に誤りが一定程度の確率で存在することを前提にその仮説を棄却すべきかどうかを検討するというプロセスが科学的推論です。つまり、科学的推論を正確に表現すれば、得られた推論が「正しい」わけではなく、「今のところ正しくないと主張できる証拠がない」と言っているに過ぎません。そして、100％「正しい」とは言えない推論が、ではどれくらいの確率でなら「正しい」と言っていいのか、という統計的な基準に基づいて自分の主張の確からしさを担保するという仕組みになっているわけです。

「科学的に実証されている」ことの意義

配当と株価の関係を実証することの困難さは、実は以上で説明しただけにはとどまりません。集めたデータは、配当のみが株価に影響を与えたということを実証するためのデータとして本当に正しかったのかどうかという検定以外の厄介な問題が現実には残っています。

まず、企業が増配を発表した日にその企業の株価が上昇したとして、株価の上昇が本当に増配の発表によってもたらされたものかどうかを確認しなければなりません。この株価の変化を分析するためにファイナンス分野の研究では通常イベントスタディという手法を使います。イベント、つまり増配の発表という出来事のみが純粋に株価を上昇させた原因になっていると結論するためには、増配の発表以外の要因を除く必要があります。ご想像のとおりですが、企業の株価はさまざまな要因によって変動します。その企業の株価が上昇したのは増配の発表ではなく、為替や景気の影響で日経平均全体が上昇したことによるものかもしれません。

そこで、増配の発表による株価変化の要因とその他の株価変化の要因に分ける必要があります。それがイベントスタディの目的です。そこで「もし増配の発表がなかったら株価の変化はどうだったか」ということを予想して実際の株価と比較します。これにはいろいろな方法があるのですが、マーケットモデルと呼ばれる株式市場全体の動きをまずは統計的にモデル化してイベントがなかった場合の通常の株価を推測します。そのうえで増配の発表というイベントが通常とは異なる異常な収益率をもたらしているという仮説を検証することによって増配の効果をつきとめます。最低でもこういう手間を取らない限り、配当と株価の因果関係を明らかにすることはできません。

イベントスタディは、通常、増配の発表があった当日の株価と数日間の株価の動きを分析するのですが、企業による配当の意思決定はもっと長期的な株主価値に影響を与えるのではないかと思われるかもしれません。ところが、分析対象期間を長くとってしまうと今度はまた配当以外の要因で株価は変動してしまいます。株価の変動が本当に配当によるものだったのかどうかはますますわからなくなっていきます。

さらに厄介なことに、増配を発表する多くの企業は同じ日に決算発表を行うことが一般的です。イベントスタディによって確認された、通常とは異なる株価の異常な収益率が決算の内容によってもたらされたものなのか、増配によってもたらされたものなのかはわからなくなります（もちろん例外もありますが、増配の発表によって株価が上昇したという報道は往々にして決算の内容を反映したものだったりするものです）。そこで、決算発表と同時に増配を発表した企業はサンプルから除く必要があります。もちろん増配発表以外のイベントは決算発表だけとは限りません。経営者の交代もあるかもしれませんし、企業買収や経営計画の発表など株価に影響を与える特殊な情報が増配と同時に発表される可能性があります。そういうケースを一つひとつ確認して増配以外のイベントがあった企業をサンプルから取り除くのですが、そうすると肝心な企業が分析対象から外れてしまったり、サンプル数自体が極端に減少してしまうというジレンマに陥ります。

もちろん統計学を用いた実証方法はつぎつぎに開発され、高度なテクニックが編み出されてはいますが、それでも客観的なデータを取得するという作業自体そのものですらさほど簡単なことではありません。少なくともメディアでよく聞く「増配の発表によって株価が上昇した」とか「配当を支払う企業の株価は高い」といった言明はそう安易にできるものではないということがおわかりいただけると思います。

また、企業の配当政策が株主価値に与える影響となると、それは業種によっても異なるだろうし、企業のステージ（たとえば成長段階にある企業と成熟している企業とか）によっても異なるはずです。あるいは、配当を受け取る側である株主の属性によってもまちまちです。個人株主なのか、機関投資家なのか、外国人株主なのか、どんな性格の資金をどんな手法で運用している投資家なのか、そもそもいくらでその企業の株式を買った株主なのか、企業の配当政策そのものはどこまでいっても状況によって異なる特殊解です。仮に「増配した企業の株主価値は高い」という結論がどんなに精緻な分析を経て得られたとしても、それは学術的にはとても意義のあることかもしれませんが、当然すべての企業の現場にとって真理であるとは限りません。科学的な知見を活用するというのは、その知見を前提として個別企業の事情は個別に当事者自身が考えなければならないことを意味します。つまり、統計的な結論をそのまま個別企業の実務にあてはめることは実際には不可能です。

ところが、「科学的に実証されている」と言われると多くの人はそれが自分にもあてはまる普遍的な真実だと信じて疑いません。もはや全知全能の神からご宣託が下ったかのように無防備に受け容れてしまいます。「肥満が成人病の原因になる」とか「喫煙が肺がんの原因になる」とか「リンゴがダイエットに効果的だ」とか、世の中で言われるところの「科学的に実証されている」というのは、だいたい以上のようなプロセスを経た結論であることを意味します。

――「理論と実証」とはいうけれど……

冒頭からいきなり「科学的な実証」のむずかしさについてお話をしましたが、ファイナンスの世界のみならず現在の学術研究の主流はなんといっても統計学の手法を用いた実証研究です。経済学や経営学など近代の社会科学分野の研究は、物理学や医学などの自然科学で用いられてきた分析手法を取り入れた統計学の進歩とともに飛躍的な発展を遂げます。とりわけ経済学にはもともとアダム・スミス以来科学志向の伝統があり、自然科学の方法論を応用しながら独自に発展してきたとも言われています。そして、ついには経済学の花形「計量経済学」の手法がファイナンス理論の実証を科学として進展させ、企業の行動や市場のメカニズムも統計学の手法を用いて観察可能なデータから解明が行われています。その結果、ファイナンス理論の教科書も（人によっては）邪悪な示唆と思われるような難解な数式と複雑なグラフによって埋め尽くされてきました。

私は他人からあなたの専門分野はなんですかと聞かれると「コーポレートファイナンス理論の実証研究です」と答えるようにしています。他人に自慢できるほどの実証研究をしているわけでもありませんが、少なくとも理論研究をやった経験は一度もないということはたしかです。「理論と実証」などと対比的に言われるとおり、学術研究の手法も大きく理論研究と実証研究にわけられることが一般的です。

理論研究というのは、簡単に言えば因果関係を明らかにして仮説を生成することを目的とした研究の方法です。ものごとの意味を根本から問い直して新しい抽象理論を構築すると言ってもいいでしょう。ファイナンスの分野では、いくつかの仮定を置いた上で数式を展開しながらその筋道の正しさを演繹的に証明する手法を取ります。その結果、共通して了解せざるを得ないような原理を作り上げます。配当政策のメカニズムを説明するためのMM理論やエージェンシー理論やシグナリング理論などもこうして生まれました。

その研究が理論研究なのか実証研究なのかは中身をつぶさに読まなくてもちょっと見ただけでわかります。数式がずらりと並んで延々と展開されていく論文がだいたい理論研究です。理論研究は研究者の頭の中でどう考えるか、思考をどこまで深めるかに依存しているイメージです。

一方、実証研究はデータを集めたり、実験や調査を行ったりすることによって既存の理論に基づいた仮説を検証することを目的とします。いわば事実関係から真偽を帰納的に明らかにする研究方法です。ファイナンスの分野では、モデル式を作って統計的に有意かどうかを検証します。株価や配当や企業業績の長期データを集めてシグナリング理論がどれくらい現実の配当政策を説明できるかを実証する、などという研究はこの典型となります。

ちょっと見た感じでモデル式とデータの図表だらけの論文がだいたい実証研究で

す。頭の中で考えるというよりはデータを実際にぐるぐる回すフィジカルなパワーが求められるイメージです。そのパワーさえあればなんとか形になるのが実証研究と言えるかもしれません。

では現在のファイナンスの分野では理論研究と実証研究のどちらの研究方法が旬かといえば、ここ数十年それはもう圧倒的な勢いで実証研究です。仮に経済学の分野では一体どれくらいの勢いで実証研究が主流になったのかということになると、実際に理論研究と実証研究の歴史的な傾向を調査したダニエル・ハマーメシュの2013年の研究[*28]が有名です。彼は経済学分野の世界三大トップジャーナル（学会誌）に掲載された論文の研究方法を1960年代から50年間にわたって追跡調査をしています。

この調査によれば、1963年時点では理論研究が50%以上を占め、純粋な実証研究の割合は全体のわずか9%に満たない状況だったのですが、1990年代から大きな変化を見せ始め、直近2011年には一時データの実証研究の割合が34%でトップの座を奪い、二次データや実験を用いたものを含めると実証研究が全体の70%以上の割合を占めるという現象が起きています。一方、隆盛を誇った理論研究の割合は2011年時点で全体の30%を割っています。

経済学と言えば、もともとは理論研究こそが花形でした。華やかな数式に彩られた厳密性と近寄りがたいエレガントな論理性によって、経済学が「社会科学の女王」的ステイタスを維持してきたのは主として理論研究によるものです。他の社会科学系の学問分野とは一線を画してきたちょっと気位の高そうな学問という印象が経済学にはあります。ところがハマーメシュによれば、この20年ほどで経済学分野の理論研究は鳴りをひそめ、実証研究が幅をきかせる世界に完全に変わりました。

おそらく最近のファイナンスの分野では、この実証研究偏重の傾向が経済学全般に比べるとさらにもっと強くなるのではないかと思われます。今や実証研究にあらずんば研究にあらず、もしも学会誌に論文を掲載したいと思えば、データを集めて統計的な分析を行い、因果関係の存在を検証するという研究スタイルをとらない限りむずかしいと言っていいと思います。学会の研究報告のプログラムを眺めても、その中から実証データを使わない研究を探し出すことは、四川料理店のメニューの中から香辛料を使わない料理を選び出すのと同じくらいにむずかしい状況です。

この傾向が学術界にとって慶賀すべきものであるのか、あるいはそうでもない将来

＊28　Hamermeshu,D.S., [2013] 'Six Decades of Top Economics Publishing: Who and How?,' *Journal of Economic Literature*, 51(1), 162-172.

を示唆するものであるのか、という評論をここで行うことはあまり意味のないことです（そもそも私はそんなことを語れる立場からはほど遠いところにいるし、そんな能力もありません）。しかし、かと言って、ある時代には幅の広いネクタイが好まれたり、ある時代には細身のネクタイが好まれたりといった、単なる流行りや廃りにすぎないと済ませることもできません。

――まずはデータを記述する、それはとても大事な技術です

実証研究が幅をきかせることになった背景に統計学の進化があることはもちろん言うまでもありません。集約されたデータ（すなわち事実）からなんらかの科学的な結論を導き出すためになくてはならない統計学の存在は、科学において特権階級のような〝最強の学問〟に位置付けられると考える人もいれば、科学の方法論としての〝高度な装置〟であると考える人もいるようです。

しかし、なぜ統計学は実証を可能にするのか、そもそも実証とはなにかという哲学的な問いについては広く科学の世界でずっと議論が行われてきました。この統計学と

哲学とのかかわりについて、Kutach, D.［２０１４］[*29]と大塚［２０２０］[*30]は私がとくにインスパイアされた文献です。ファイナンスとはまったく異なる科学哲学という分野の研究ですが、この章を書く上で大きな知見を得ています。

科学哲学の専門家である大塚淳先生によれば、そもそも科学という営みには大きな前提条件が課せられています。すなわち、科学が対象とするものは必ず「現実の経験や観測に基づかねばならない」という大原則です。これはつまり「神」のおぼしめしとか「霊魂」のパワーとか、あるいは意気と度胸と勘のように直接観測できないものや主観的な概念を科学は分析対象にしないということを意味します。こういう科学の基本的な考え方のことを本来の実証主義と呼びます。

だから、だれにでも間違いなく直接観測できるもの、数えることができてグラフに表すことのできる数字と事実、つまりは集めたデータを記述するということが科学と

＊29　Kutach, D. [2014], Causation, Polity Press Ltd., Cambridge.
ダグラス・クタッチ［２０１９］（相松慎也：訳）『因果性　現代哲学のキーコンセプト』（岩波書店）
＊30　大塚淳［２０２０］『統計学を哲学する』（名古屋大学出版会）

しての統計学の最初の目的です。そして、観測されたデータをもとに未知のもの（まだ見えていないデータ）を推測することが統計学の目指すもう一つの目的となります。前者を記述統計、後者を推測統計と呼んで、この二つによって統計学は体系づけられます。科学はまず観察できる客観的なデータを集め、科学的な言語に基づく記述や推論によってデータの中に隠された現象間の関係を明らかにします。

データを記述するということはかつて近代国家の為政者に欠かせない意思決定のための情報調査の技術でした。「徴税や徴兵、都市や福祉計画などの目的のため、整備されつつあった官僚機構によって国内のあらゆる情報が中央政府に集められ、数字として報告される」（大塚［2020］）ようになったことから生まれたものです。今でも政府にとって、ことあるごとに必要とされる「科学的な」お墨付きは統計学を背景としています。ただ、現在では政府も企業も各種団体それぞれ情報の開示が進み、さまざまなデータが比較的だれにでも容易に取得できるような世の中になりました。もはや数値データを保有することは特権でもなんでもなく、一般的に共有され、日常の生活においても役に立っています（だから、学術研究にも使われる一方、政府やメディアなどを通して一般的に普及したデータの解釈については注意が必要だということは第5話でお話ししたとおりです）。

企業の売上や利益、あるいは株価といった客観性をもって計測された数値データは、それだけで科学の分析対象となる事実と言えます。まず、この事実を整理・要約して現実になにが起きているのかを把握するための技術が記述統計です。膨大な数値データを見やすくするための作法なり手法なりが決まっていて、最初に統計学の教科書ではその記述の方法論を学ぶことになります。具体的な記述統計の内容としては、収集したデータ数はもちろん、その中から平均や分散や標準偏差を計算したり、最大値や最小値を探したり、度数分布を作成したり、また、個々の数値の間の関係を示すために相関係数を計算したり、といったところが主だったものです。これらの項目をまとめて基本統計量などと呼び、実証研究の論文にはまずデータセットとして出所（データの入手先）とともに開示されます。

こうして記述されたデータから規則性や法則性を明らかにすることによって実証主義を貫いた科学者がイギリスの人類学者フランシス・ゴルトン（１８２２-１９１１）でした。ゴルトンは母方のおじいさんがチャールズ・ダーウィンの従兄弟にあたるというサラブレッドな血筋の持ち主として、さらにはお金持ちの銀行家だった父親を持つ名門の家系に生まれました。先ほど統計学が特権階級のような位置づけだというお話をしましたが、まさにゴルトンは恵まれた特権階級のような出自を持つ学者です。そういう影響があったのか、「裕福な家庭に生まれた子供には遺伝的な才能がある」ことを明らかにするというかなり奔放な研究でブレイクします。この研究がまさに記述統計の分析によるものでした。

その後『自然的遺伝』という名著を出版しますが、1886年に彼が作成した親子の身長に関する測定データをまとめた楕円形の回帰分析は今でもクラシックな実証研究のお手本として統計学の教科書に掲載されたりしています。ゴルトンの肉筆による楕円形は、なにしろデータ収集に対して偏執的なまでの関心を傾けた彼の揺るぎない執念を感じるシロモノです。

統計学を勉強すると比較的前半の段階でピアソン分布とかピアソンのカイ二乗検定などを習いますが、カール・ピアソン（1857-1936）は、ゴルトンの伝記まで書いた実証主義におけるゴルトンの後継者です。実証研究の手法をさらに深化させていったのがピアソンです。

記述ができたら推測する、それは当然の流れです

大塚淳先生の言に倣えば、純粋な実証主義は「記述統計の枠組みでは、データに含まれていないものを予測するようなことは一切正当化」されず、したがって「経験は過去の歴史を示すだけであって、まだ見ぬ未来についての情報は何も含んで」いません（カギ括弧内はいずれも大塚［2020］による）。ただ単に、出来事X（増配）の後に出来事Y（株価の上昇）が続いて起きたという現象しか観測できず、観察データには出来事X（増配）が原因となって出来事Y（株価の上昇）の結果を生むという因果関係は表われません。実証主義は徹底したデータ原理主義であり、実証主義者にとって科学で認められる存在とは客観的な方法で計測されたデータとそこから得られる概念のみです。それ以外は人間が作り出した人工物に過ぎません。これが実証主義の本来的な考え方です。

株価や為替のトレンドにしろ、GDPや景気動向指数などマクロ的な指標にしろ、あるいは企業業績などミクロ的な指標にしろ、われわれが日ごろメディアで目にするものは単なる計測データに過ぎません。たとえば、日経平均株価の過去の動きはたしかに客観的な方法で計測されたデータではあるものの、それが高値を更新したからといって、株価チャートをどんなに慎重に分析しても、それはあくまで過去の独立したデータであってそのデータを根拠に今後もこのトレンドが続いてさらに上昇するだろうとか、もはや高値圏にあるので今後は下落に転じるだろうといった推論は人間が勝手に作り出したものに過ぎないということです。そこから理論的・経験的裏づけを伴った予測をすることはできませんし、未知の情報を引き出すことはできないというのが実証主義です。実は、ゴルトンもピアソンも自ら記述統計による因果性を否定しています。

しかし、科学に人々が期待するものは、データからは観察されない事象を導き出し、予測し、説明を加えることです。大塚［2020］はそのための「より強力な統計学的方法論」として推測統計を位置付けます。まずデータを「記述」（統計）し、そして「推測」（統計）するという流れです。目の前にある現実の情報から、目の前の現実を超える未知の情報を統計学の手法を使って引き出そうというわけです。

ここに確率モデルという概念を引っさげて登場した統計学者の一人がロナルド・フィッシャー（1890-1962）です。実験計画法をはじめ分散分析や最尤法《さいゆうほう》など今でも統計学のスタンダードとなっている数々の手法を生み出し、最後はナイトの称号まで受けた超サクセスな学者と言えます。彼が生み出したのは数多くの統計的手法だけではありません。8人の子供を授かった精力絶倫の遺伝学者でもありました。ただし、フィッシャーが、1930年に出版した『自然選択の遺伝学的理論』で「文明の衰退と凋落は上流階級の生殖力の低下に帰することができる」と主張した、生々しくもちょっとホラーな偉業については、統計学の教科書の中で目にすることはまず滅多にはありません。フィッシャーはピアソンと折り合いが悪く、ダーウィンの孫（ゴールトン・ダーウィン）との親交が深かったとされています。

再び大塚［2020］の言葉を借りれば、フィッシャーを契機に確立した推測統計は、従来のデータ一元論に確率モデルが加わることによって帰納推論を可能にした「データと確率モデルの二元論」に基づく手法になります。これは統計の歴史にとっての大きなブレークスルーと言えます。つまり、とても簡単に表現してしまうと、出来事Xが原因となって出来事Yの結果を生む確率がどれくらいあるかという因果性に肉薄したわけです。

本書では統計学について深入りはしませんが、フィッシャーたちの功績をきっかけに仮説の検定という統計学の教科書でいえば最終段階くらいに発展していきます。これも簡単に言うと、あらかじめ特定の因果関係を想定した仮説を構築し、一定の条件によってその仮説の成否を決定するというのが検定の概念です。この章の最初でご紹介したように、増配したら株価が上昇するという仮説を立て、集めたデータから得られた統計量を計算して、一定の判定基準に照らすことによって、仮説の成否を判断することになります。

──だからと言って因果関係があるか、それは別の話です

しかし、そもそも検定は増配したら株価が上昇するというあらかじめ想定した因果関係が確率的に正しいかどうかを定量化することであって、増配と株価の上昇という因果関係そのものを直接的に推論しているわけではありません。だからこの二つの事象に因果関係が存在するのか、という問いには依然として厳密な意味では答えられません。

そこで、統計学では因果モデルという概念を作り、さらに統計的因果推論の世界がより広く深くいまなお発展を続けています。現在では因果関係の存在を実証する方法は相当に高いレベルに達しており、先ほど述べた配当と株価との分析における問題もかなりの部分が解決されてはいます。統計学の技術において因果関係の存在に疑問の目を向ける科学者はほとんどいません。

アリストテレスはものごとを「知る」とか「理解する」ということはそのものごと

の「原因」を知っていることだと言いました。原因がわかっていない限りそれは「真理」とは言えず、だから学問や研究の目的は真理の探究、つまり因果律の究明にある、ということをやや晦渋な表現を弄しながら語っています。形而上学的には因果関係というものが必ず世の中には存在するということです。

もしも因果関係という概念がなかったとしたら世の中は一体どうなってしまうでしょう。受験勉強という原因が試験の合格という結果を招くと考えるから人は努力するわけですし、不注意が原因となって事故という結果が起きると考えるから人は慎重に車を運転することになります。因果性の存在を信じるからこそ、われわれはものを考え、学び、予測し、主張し、信念を持つことができます。また、因果性が世の中の秩序を保ち、宇宙の不思議を説明します。アリストテレスが言うようにまさに因果性は万物の結びつきを基礎づける概念です。

しかし、このような帰納的な推論が世界を説明する論理として成り立つためには、実はとても重要な前提があります。すなわち、この世界は同じことをすれば同じ結果が得られる、という科学の大前提です。このことを「自然の斉一性」といいます。同じ条件のもとでは同じ現象が繰り返されるので（自然が斉一であるので）、データを集めてその法則を数理的にモデル化することによって世界を説明できると考えるわけです。このモデルをどんどん精緻化していってより幅広い推論を可能にしてきたのが、いわば統計学発展の歴史です。

ところが、そもそも自然界にそんな法則などない、つまり同じことをすれば同じ結果が得られる必然性はない、と言って因果関係を否定した人が18世紀のスコットランドの哲学者デイヴィッド・ヒュームでした。因果関係というものは人間の主観的な信念が作ったものにすぎず、「原因と結果とみなされる二つの対象の存在はたがいに論理的に独立である」と言いきります。ヒュームは「恒常的な連接」という表現を使って、人間は出来事Xの後に出来事Yが続いて起きたという事実しか経験できないと指摘しました。少しわかりやすく言うと、世の中ではさまざまな出来事が時を経て次から次へと起きるのですが、そこにはもともと因果関係というものが存在するわけではなくて、人間がそれらの出来事を経験するうちにそこに因果性の存在があると勝手に思いこんでしまう、人間は知覚の中にそういうクセがあるというわけです。要するにヒュームは自然の斉一性を批判したわけです。

ヒュームの『人間本性論』[*31]第1編が出版されたのは1739年のことですが、当時はほとんど見向きもされなかったと言われています。しかし、このヒュームの自然の斉一性に対する批判は科学の歴史にとってかなりセンセーショナルです。なにしろアリストテレスの形而上学を真っ向から批判するポジションをとったことになります。『人間本性論』は日本語訳の第1巻だけで６００ページを超える大著で、かなり骨のある難解な読み物ですが、因果関係が成立しているとみなされる要件として、第5話でお話をした相関の原則（空間的隣接）や時間的順序の原則（時間上の先行）なども語られています。

因果関係の存在自体に疑いの目を向ける議論はこのようにずっと昔から存在しています。見方を変えれば、これらの論者によって因果関係が存在するための要件がより狭く厳格に規定されてきたとも言えます。

先に述べたカーネマンも、実際には世の中で起きていることの多くは偶然に過ぎないのに人間はどうしてもそこに因果関係を見い出してしまうと皮肉っぽく語っています。ペペロンチーノにニンニクが入っているように、われわれは疑うことなくごく自然に因果性の存在を受け容れていますが、アリストテレス以来、因果性とはなにかを

＊31　法政大学出版局から第1巻が１９９５年を初版として全3巻が出版されています。ここでの因果関係の考え方については「知性について」と題された第1巻の第3部「知識と蓋然性について」を参考にしています。

めぐる議論は学者の世界において実は今もなお決着がついているわけでも、合意が得られているわけでもありません。「そう簡単に因果関係を持ち出されてもちょっと……」的な疑り深い論者は（私を含めて）根強く存在しています。

――因果関係の存在自体に疑念を呈する論者たち

実証主義の権化とも言えるフランシス・ゴルトンの後継者カール・ピアソンも実は因果関係の存在を否定した人でした。彼が1892年を初版として世に出した著書は『科学の文法（The Grammar of Science）』として有名です。ピアソンは統計学を「科学という言語における文法」という形容で説明しましたが、しかし、実証主義をさらに推し進めたピアソンは、因果関係は科学において無用の長物とまで主張します。カール・マルクスに傾倒し、気性がかなり荒かったと言われるピアソンですが、彼はなぜ因果関係を持ち出すことをそれほど嫌悪したのか、ここにはなかなか興味深い示唆があります。

先にもお話ししましたが、実証主義においては、現実に存在することが客観的に認められるもののみを科学の分析対象とすることが前提です。だから対象となるのは計測されたデータとそこから導かれる概念のみです。ここに因果関係が入る余地はありません。なぜなら、「原因が結果を引き起こす」というときの「引き起こし」は、人間が客観的に観察できる対象ではないからです。ビリヤードの白玉を衝《つ》いて赤玉をポケットに落とした場合、われわれは白玉が赤玉に当たって赤玉の動きを「引き起こし」た原因と考えるのですが、実際に人間が観察できている現象は白玉の運動と衝突の後に赤玉の運動が生じたというだけのことであって、白玉の運動と赤玉の運動を結びつけるもの（二つのボールの間に起きた「引き起こし」という現象）を見ることはできません。[*32] そう言われればたしかにそのとおりではありません。

多くの配当を支払う企業の株価が高いと信じられているのは、企業が増配をした後にその企業の株価が上昇したというデータが観測されただけのことです。交通事故の原因がスピード違反だったといっても、それはスピード違反の後に事故が起きたというデータがあるのみです。前者が原因となって後者を引き起こす因果関係そのものは

＊32　このビリヤードの話はヒュームの思想を解説する先のKutach, D.［2014］を参考に描写しています。

データには現れません。人間が抱く信念や思想ではなく事実を出発点にしなければならないというのが純粋実証主義の主張です。何らかの信念や思想から始めると、人は無意識のうちに自らの信念や思想に合致した、都合のいい事実ばかりに目が行き、現実を歪曲して解釈してしまいがちです。その余地を徹底して排除し、ひいては社会のイデオロギーから自由にならなければならないという極めてまっとうな考え方です。ひたすらにデータを収集し、客観的な事実の積み重ねのみからモデルを生み出していくというストイックな姿勢が、やがて科学にとって欠くことのできない前提となってきたわけです。

そういう実証主義の考え方にとって、相関を測ることは間違いなく科学的事実をとらえることになります。なぜなら「因果」に対して「相関」という概念は客観的に、そして単純に定式化することが可能だからです。相関係数は一方の数値が増加すると、もう一方の数値が増加または減少するような、2種類のデータ間の関連性の強さを示す指標です。一方の数値の増加に対してもう一方の数値もまったく同じように増加するなら相関係数は1に近くなります。これはヒュームが言う「恒常的連接」を現実のデータとして客観的に定義したことになります。、ゴルトンがこだわった記述統計を引き継いでピアソンが相関係数を発見したのは100年以上前の話ですが、大塚

［2020］は、相関係数の発見は「科学的探究の『素材』としてのデータをより厳密に表現することで、実証主義的な探究に具体的な方法論を与える」ものだったと評価しています。

実は相関関係の重要性については、ロンドンビジネススクールの若きファイナンス学者アレックス・エドマンズが最近になって似たようなことを言っています。彼こそ高度な統計的手法をさまざまに駆使するバリバリの実証研究者ですが、彼は確証バイアスの事例を持ち出し、バイアスによって誤った因果関係を作り出すのではなく、事実そのものを確認する相関関係の重要性を訴えます。確証バイアスは第5話で挙げた田中社長の例のように、自分の思い込みや願望を満足させる情報ばかりに注目してしまい、そうではない情報を軽視してしまう人間の思考の傾向を指します。エドマンズは、本来「そのデータは仮説を裏付けているか」という視点が研究者として重要であるにもかかわらず、つい「そのデータは自分の仮説と整合的であるはずだ」という視点から見てしまうので、確証バイアスによってデータの解釈を誤ると指摘します。

こうしてエドマンズが「われわれはむしろ相関関係からもっと多くの事実を学ぶことができる」と言っている点は、先の大塚［2020］による相関係数の評価に重なるところです。第5話で相関関係と因果関係は別ものだとさんざんお話ししてきましたが、エドマンズや大塚がそのことを十分に承知した上であえて相関関係を評価するということは、さらに高い思考力や洞察力を供給し、同時に自らのバイアスを自覚的に排除することができなければ成しえないレベルの高い話だと思います。これぞ本来の純粋実証主義なのかもしれません。

一方、応用生物学者の中屋敷均先生は、その著書[*33]で「強い因果律や強い力が、消え去った時に、初めて見えてくるものが、この世には多く存在して」おり、そのことが「何かとても大切なことを教えてくれている」と言います。もしも世の中で起きていることがすべて完全に偶然であるならば、つまり、すべてが神の気まぐれで起きているならば、われわれには神に祈る以外のことができません。しかし、そこにはなんらかの原因があって起きているのではないか、予兆や法則があるのではないか、それさえ明らかになればわれわれは神に祈る以外になんらかの準備をすることができる、というのが学者を動かす原理的な欲望です。しかし、科学は世の中に無限に存在する偶然の中からなんらかの『強い因果律』を抽出する」ことが精一杯で、弱い因果律や「出現頻度が低い因果律」に対してはまだ無力な部分が存在するというのが現実です（カギ括弧内はいずれも中屋敷［2019］による）。中屋敷先生の指摘は、純粋な事実からどこまで因果性に踏み切るか、ある意味で科学者としての良心や克己心に及ぶ示唆と思います。

さて、ここまでお話ししてきたように、実際には伝統的に因果関係そのものの存在を批判する議論さえあるなか、因果関係とは一体なんで、どのように発見し、証明されるのかをめぐって数多くの統計学者が数多くの思索と方法論を発展的に生み出してきました。これらの思索や方法論は今なお発展中ですが、一方で、因果関係の存在をめぐる議論は今後もおそらく続いていくものと思われます。大塚先生の著書『統計学を哲学する』は、文字通り因果関係を哲学的視点から改めて解明しようとしているわけですが、これは実証研究偏重の学術世界で統計的な手法が次々と新たに開発され、脚光を浴びている一方で、あえて本来の原理的な因果推論という概念を振り返るべきとの問題提起ではないか。実証研究者の端くれである私はこのように受け止めた次第です。

＊33　中屋敷均［2019］『科学と非科学　その正体を探る』（講談社現代新書）

それでは、優秀な研究者とはどういう人のことを言うのですか？

私が修士論文を執筆しているときのことです。仮説を構築し、データを集めて、統計ソフトを使って検証し、検証結果の結論として論文本文に「以上のことから本仮説は実証された」と書いたら、伊藤先生から「この『本仮説は実証された』というのは言い過ぎですね。せめて『検証結果は仮説を支持するものとなった』、いや、正確には『実証結果は仮説と矛盾しないものだった』と書くべきです」と言われました。

なるほどぉ、と唸《うな》りました。私はもともとアバウトな性格ですが、このスキを見せない厳密でタイトな世界がわりと好きです。ビジネスも普段は柔軟性と機転を利かせるかたわら、ここぞというところは理屈っぽくタイトな姿勢で臨んできた自負が私にはあります。しかし、伊藤先生からこの指摘を受けたとき、科学の世界で厳密さが要求される理由は真理に対する科学者の畏怖と謙虚さから来るものではないかと理解できた気がしました。そう考えると、真理に対する畏怖と謙虚さを乗り越え、幾多の実証に耐えて成立した伝統的な科学理論の尊さを改めて感じます。

統計学を応用した実証研究は、次々に精緻化の手法を生み出し、それらの手法は年々意欲的に更新され、こうして私がぼんやりと原稿を書いている今も進化を続けています。しかし、いくら実証研究のテクノロジーが高度化しても、それでもなお出発点は理論にあるという考え方を私は大学院時代からたたき込まれてきたように思います。これだけデータが雄弁に（あるいは容易に）真実を語るようになった世の中で研究者の優劣は一体なにによって決まるのか？　修士課程のころにそういう疑問を持った私は、師匠の伊藤先生に「優秀な研究者とはどういう人のことを言うのでしょうか？」と一度聞いたことがあります。彼は迷わずひとことシンプルに「基本となる理論を正確に理解している人のこと」と答えました。

配当と株価のデータを集めてそこから両者の関係を分析するには、その前にそもそもなぜ配当が株価に影響を与えるのかという理論が必要です。実際、配当に関する理論はかなり複雑で、配当の変化は株主価値に影響を与えないという基礎理論から始まり、配当の支払いは株主価値を毀損するという理論もあれば、もちろんその逆の理論も山ほどあります。お互いの理論は相矛盾していて、研究者の間では「配当のパズル」と言われているほどです。そういった基礎理論の系譜を正確に理解していれば、同じ実証データを見てもそこに供給できる洞察力は明らかに変わってきます。

ファイナンス分野の実証研究では自然科学の実験データなどに比べるとデータの取得に比較的苦労をしません。大学院生レベルでは情報ベンダーから購入したデータを使用するのが一般的です。それだけに「安易にデータを触るな」というのが実証研究を旨とする伊藤研究室の不文律でした。それよりも地道に先行研究を読み、基礎理論を正しく理解した上で現実を観察し、相手を納得させられるような、そして検証するに値する仮説をきちんと構築する、そのことに十分な時間をとれというのが伊藤先生の教えです。実務に精通した社会人が集まった大学院だけに、自分たちが経験している現実をアカデミアの理論によって学術的な視点から解釈し直し、仮説へのヒントとする、という強みがあるわけで、それは今考えても極めてまっとうな研究プロセスでした。まずは理論ありき、そして思考ありき、の世界です。

本章では、因果性とはなにかについて依然として自明ではないこと、そればかりか因果性そのものの存在にすら伝統的に議論が行われてきたことにあえて言及しながら、科学的説明の限界について考えてきました。最近はさまざまなデータを格段に採りやすい環境にあるだけに、ビジネスの世界でもアカデミアの世界でも安易な実証に走ってしまう傾向があるように感じます。つまり、セールを張るための風には事を欠くことがありません。しかし、その結果、時に怪しい都市伝説を生むことになります。

私はこの世に因果関係が存在しないとまでは思いませんが、いかにもシンプルでわかりやすい実証データに対しては、どういう理論に依拠したアイデアを実証するための分析なのかという視点を投げかけるようにしています。今の時代、オールを握るまでには簡単にそうはさせない数多くの誘惑が周囲に存在するわけで、勇気をもってそれらを断ち切る必要があります。

統計学の代表的な教科書の一つである森田／久次［2006］[*34]も統計学における理論の重要性をむしろ強調しています。彼らは1900年代前半に米国でさかんに行われた統計的景気研究（典型的な実証研究）を例に挙げ、本来統計的景気研究の目的は景気の予測にあったにもかかわらず、その予測が成功しなかったのは「理論なき測定」の運命だったと説きます。経済学においては、理論を探究することなく統計的になにかの予測を行うことは不可能だと、統計学の教科書の冒頭でピシャリと述べている一文にはなかなかシビれるものがあります。

*34　森田優三／久次智雄［1993］『新統計概論（改訂版）』（日本評論社）

サイドストーリー⑤

——科学のお作法であなたの組織を振り返る

食事をするときの作法があるように科学の世界にも作法があります。作法のそれぞれは独立して見えますが、実際には明確な目的のもとに一つひとつの作法は合理性をもっています。たとえば、食事の作法は日本と欧米では異なるかもしれませんが、どちらも食事をおいしく楽しむため、一緒にいる相手を敬い、相手が不快な思いをしないよう古くから長い年月をかけて先人たちが作り上げた対人的な言語動作の方法論です。だからお作法はとても大切です。

私のような者が科学のお作法を語るにはややおこがましさを感じますが、科学の世界にいる今、かつてのビジネスの現場を振り返るとき、そして現在自分が所属している組織を考えるとき、科学のお作法の重要性を感じます。おそらく科学にはいくつものお作法があるとは思いますが、ここでは三つのお作法を挙げます。あなたが所属する組織に関して以下科学のお作法にまつわる三つの問いに答えてみてください。

本書では、なにが原因でその結果が起きたのか、なにを根拠にその主張をしているのかを明確に示し、その因果関係が本当に正しいかどうか「もう一歩踏み込んで考える」ことを強調しながら科学的な思考プロセスについてお話ししてきました。因果関係に着目してものごとを考えることは科学における基本的なお作法です。あなたの組織がなにかを意思決定する場合、その根拠は明確に説明されているでしょうか。そして、その因果関係の正しさが十分に検討されているでしょうか。その説明は、都合のいい論点に置き換えられたり、あるいは「適宜適切にしっかりと」とか「スピード感と緊張感をもって」とか「大胆な考え方で」といったあいまいでなんだかよくわからない非科学的なレトリックでごまかされたりしていないでしょうか。これが一つ目の問いです。

次に、科学の世界ではだれもが再現性に対して自由にトライできることが保証されています。だから学術論文には必ずその実験方法やデータの取得方法が詳細に開示され、だれでも同じ条件で実験して試すことができる仕組みになっています。論文を書く上では基本となるお作法です。二つ目の問いは、あなたの組織では情報がオープンにされていて、だれもがその情報を活用して自分のアイデアを試すチャンスが平等に与えられているでしょうか。もちろん組織では階層によって知るべき情報は異なりますが、意図的に秘匿されたり、情報の分布が公平性を欠く状況に陥っていないでしょうか。

三つ目として、科学が出した結論は屈託なく自由に批判と反論ができるよう保証されています。だから学会には発表者に対して必ず討論者がいて、学術論文には査読者がついて、討論者や査読者は発表者と同じくらい神経を使って当該研究の結論に反証の余地がないかを検討することがお作法となっています。

現在生き残っている理論は、こうして長い時間をかけて批判と反論にさらされ、何度となく実験が繰り返された後に、その有効性が認められてきたもののみです。しかし、そのような理論でさえも常に修正の余地を持っており、科学の世界には絶対的な真理はありません。反証が行われれば、前提としていた仮定は棄却されます。つまり、科学の世界には、自ら間違いを修正し、代替の道を探る機能が備わっています。こうして進化し、成長し、現実に適応していくことを目指す科学の仕組みは企業の組織にも（むしろあらゆる組織において）同じことが言えます。

あなたの組織では、常に自由な批判と反論が保証されているでしょうか。きちんと

サイドストーリー⑤
科学のお作法であなたの組織を振り返る

批判と反論を行える人がいるでしょうか。そして、それら批判と反論を真摯に受け止め、それに対する客観的な説明が行われているでしょうか。

第7話

オールを握った先にしか得られないもの

——ひらめきと直感のファンタジー

30年近くビジネスの世界にいると、「あのときのあのアイデアはすばらしかったなあ」とか「あそこでよくあんなこと閃いたなあ」といった美しい過去がいくつかあるものです。とくに製造業の開発部門などはそうだと思いますが、私がいたコンサルティングチームも第2話でお話ししたようにクリエイティブな精神にあふれていました。今でも当時の仲間が集まると「あれってだれがどういうきっかけで思いついたんだっけ?」という昔話に花が咲きます。

大学はさらにクリエイティブな場所だろうと思ったらこれが意外とそうでもありません。よく「学生ならではの柔軟な発想」とか、「若い人が持つユニークなアイデア」などと言う人がいますが、私は10年以上この大学にいてそういうものにほとんど出くわしたことがありません。言いにくいことではありますが、そこにはいくぶんかの事実があることを私としては認めないわけにはいきません。他の分野では違うのかもしれませんが、こと学部レベルの経営学分野に関しては、長い間ビジネスにいた実務のプロからすれば、多くの場合「まあ、だれもがだいたいそういうこと思いつくんだよね」といった感じのどこかで聞いたことのある保守的なアイデアの範疇か、あまりに突拍子もなくて手のつけようがないかのどちらかです。厳しいかもしれませんが、私は常に「もう一歩踏み込んで考えてみよう！」と学生にあきらめさせません。

自分の若いころだってきっとそうだったはずです。大学生なんてだいたいそういうものです。よく考えてみると、そもそも若いから柔軟な発想ができるとか若さがユニークなアイデアを生む根拠はありません。一見若さや柔軟性に勝ると思えたとしても大学生が思いつくアイデアよりもビジネスのプロがひらめくアイデアのほうがずっと優れているのはなぜでしょう。

本書では冒頭からオールを握ってもしょせん最後は「意気と度胸と勘」の勝負だというお話をしてきましたが、最後の章では「意気と度胸と勘」の勝負、ひらめきと直感にまつわる幻想（ファンタジー）を科学します。すぐれたアイデアのひらめきや直感は実はなんの経験も努力もなく超科学的な幸運によって手に入るものではありません。実際にオールを握った人にだけ最後にもたらされるかもしれないご褒美です。

―アイデアのひらめきは幸運な偶然によるものか？

アインシュタインが相対性理論を思いついたのは、自分が光の速さで光を追いかける夢を見たことがきっかけだったと言われています。あるいは、リンゴが木から落ちるのを見てニュートンは万有引力のヒントを得たとか、はたまたアルキメデスは入浴中にお湯があふれるのを見て浮力を発見したとか、こういう嘘か本当かわからないような幸運な偶然が訪れるサクセスストーリーは科学史の中に満ちています。研究者の見果てぬ願望や憧れのようなことかもしれませんが、思いがけないアイデアのひらめきや直感がある日唐突に研究者に訪れ、重要な発見にいたったという逸話をよく聞きます（私にはそういう経験はありませんけど）。

歴史を変えるような偉大な科学的発見の過程は、これまでお話ししてきたような厳密な推論を経て行われるものではなく、論理を超越した偶然の要因に負うところが大きいと一般的には考えられています。第4話のアブダクションの話題で出てきた米盛

［2007］は、従来「創造的直観」とか「無意識の働き」とか「超論理的な提起」などと呼ばれてきた偶然の要因について、お得意のアブダクションの理論に基づいたユニークな説明をしています。

アブダクションは、結論と一般法則が先に与えられ、そこから起きている事実をうまく説明できる仮説を導き出すという論理のプロセスでした。アブダクションは熟慮の末に行われる論理的に統制された推論であるはずですが、もしも論理的に統制できないようなひらめきがこの世の中に存在するならば、アブダクションは論理的推論とは言えないことになります。果たして非科学的な「ひらめき」と科学的な「推論」は両立しないのか、そこに米盛先生の関心があります(私の大きな関心でもあります)。

彼は、先のチャールズ・パースを引きながら、アブダクションによる発見のプロセスは、まずひらめきという第一段階があって、次に推論という第二段階があるわけで、非科学的な「ひらめき」と科学的な「推論」の二つは両立するものだと説明します。ひらめきの第一段階は、目の前にある探究中の問題に対して考えられる説明をいろいろと推測し、頭に浮かんだ仮説をいくつも自由に列挙するプロセスです。たとえお風呂のお湯があふれたとしても、そこで雷光のように「浮力」のアイデアがただ一つ空から舞い降りてくるのではなく、アルキメデスはそれまでにいくつもの仮説のリストを持っていたというわけです。そして第二段階で、それらいくつもの仮説の中から十分に考慮して最も正しいと思われるあり得るべき仮説を選択することになります。米盛先生は「科学的探究者はたとえ偶然の閃きによって仮説を思いついたとしても、（中略）ただちにその仮説を採択するのではなく、（中略）その仮説が考えられうる仮説のなかでもっとも理にかなった仮説といえるかどうかを熟考し、もっとも正しいと考えられる仮説を」選ぶと言っています（米盛［２００７］）。ただボサッとしているところに突如として神から幸運を授かるわけではありません。

アブダクティブな探究のプロセスというのは、一見思いつきのように見えて実はいくつもの仮説を提起する「示唆的な段階」と適切な仮説を選択する「熟慮的な推論の段階」から成り立っているということです。だから、示唆的な第一段階――つまり仮説を列挙する段階――でモノを言うのは、その科学者の知識や経験に依存する発想かもしれないし、推論の第二段階――つまり仮説を選択する段階――でモノを言うのも、その科学者の知識や経験に依存する思考能力かもしれません。

米盛先生は、とくにこの第二段階の仮説を選択する推論においては、それらの仮説はいずれも検証することが可能な、あるいは検証するに値するものであることが重要で、一定の基準や条件にしたがって選択されなければならないと説きます。いずれにしろ、本当に卓越した天才的なアイデアは、なにもないゼロの状態から都合よく無邪気に出てくるような楽なものではないんだよということです。

では、仮に二つの段階によってひらめきのアイデアがアブダクティブに引き出されるとしても、それは天才的科学者のみがなしうる、なにか説明不可能な神秘的で非合理的な要素が働くのでしょうか。これについても米盛先生はパースの考えにもとづいて考察を怠りません。結論から言えば、それは神秘的で非合理的なものではなくて、自然に適応するために人間に本来備わっている本能的な能力だと説明します。

人類は進化を遂げる過程でさまざまな自然の法則と相互的な作用を繰り返してきました。日照りが続きそうなので食べ物を備蓄しなければならないなとか、美しい色をしたキノコには毒があるぞとか、山に雲がかかっているから雨になりそうだなとか、そういう自然の諸法則との相互作用の繰り返しが人類の推論に影響を及ぼし、人間の精神にはもともと「自然について正しく推測する本能的能力」が備わっています（米盛［2007］）。このような進化論的に揺るぎない事実を認めることが「あらゆるアブダクティブな探究の根底にある（ひいてはあらゆる科学的探究の根底にある）もっとも基本的な前提」だというのが、パースないしは米盛［2007］がとる進化論的主張です。

この考えにもとづけば、本来、人間は自然に関する正しい推論を導く先天的な性向が精神の中に備わっており、そのためすべての理論をいちいち吟味することなく、限りあるサンプルの中から真の理論を探り当てる本能的な能力を持っていると考えなければなりません。この能力は人間であればだれにでも備わっているものだと言われると「自分も捨てたものじゃないかもな」とちょっと自信を持ちますが、パースは「この事実を確信することが真理を探究するあらゆる科学的企ての根底にあるもっとも基本的な前提であり、それを認めることができなければ、真理を学ぼうとするすべての企ては放棄しなくてはならない」（米盛［2007］）と堂々と言ってのけます。

アインシュタインもニュートンもアルキメデスもそれらの大発見はたしかに固有の天性によるものではあるのですが、それは本来人間が持つ「真理の方向へと導く」本質的な素養が土台となっていて、その上で固有の経験と知識が段階的に成し遂げた偉業だというのが、パースによる天才科学者の解釈です。歴史的に偉大な科学的発見は、いずれも神秘のベールに包まれた非合理的な要因がもたらしたものではなく、進化の過程で自然の性向に適応してきた人間の精神が持つ本能によるものだということです。

しかし、人間に「真理の方向へと導く」本能が備わっていると言われると、これまで本書で話題にしてきたヒューリスティックやバイアスの概念を用いて反論したくなるところです。もちろんヒューリスティックもバイアスもパースの時代には存在しなかった概念です。

――危険を察知する直感は神秘的な衝動によるものか？

ところが興味深いことに、第3話で出てきたヒューリスティックやバイアスの総本山のような認知心理学者ダニエル・カーネマンもアイデアのひらめきや直感について、実は似たようなことを研究しています。ひらめきや直感が重要なのは研究者だけではなく、ビジネスやスポーツの世界、あるいは医学や技術の世界でも同じです。むしろ研究者の世界よりも身近で馴染みがあります。

たとえば、野球の試合中に熟練の監督がふと「嫌な予感がする」といってライトの守備を交代させた直後に、むずかしい打球がライトに飛んでサヨナラ負けをまぬかれたとか、消火活動の最中に消防隊長が「なにか危険を感じる」といって咄嗟に隊員を避難させた直後に天井が崩れ落ちて間一髪で助かったとか、ベテラン刑事が通行人の所作を見た瞬間に「なにかがおかしい」と感じて職務質問をしたところその通行人が指名手配中の犯人だったとか、いずれも明確な理由はないけれどひらめきや直感が機能して、瞬間的な行動や意思決定を促すということはよく聞く話です。このような話を科学的にうまく説明することができるでしょうか。

2009年にダニエル・カーネマンとゲーリー・クラインが共同研究[*35]で行ったプロジェクトのリサーチクエスチョンは「経験豊富な専門家が主張する直感はどんなときなら信じてよいか?」というものでした。実はクラインはカーネマンと同じ認知心理学分野の研究者なのですが、ヒューリスティックやバイアスに対して批判的な立場をとる人です。そもそもカーネマンは専門家の直感が存在するなどはなから信じていませんし、それに対してクラインはその存在を前提に研究をしてきました。

クラインは消防隊員のチームに密着し、消火作業の現場で決断を下すにあたってなにを考えているかを調査しました。その調査の目的は、消防隊長が選択肢の比較検討をせずに咄嗟に(いわば直感的に)すぐれた決定を下せるのはなぜか、という問いに答えるものでした。この研究の結果、彼は「認知主導的意思決定」という理論モデルを構築して一世を風靡します。クラインは、消火現場において消防隊長はほとんどの場合に一つのアイデアのみを検討するというのですが、そのプロセスを次のように説明します。まるで映画『タワーリング・インフェルノ』の消防隊長スティーブ・マックイーンと設計技師ポール・ニューマンの姿を思い起こさせるような記述です（若者にはちょっと通じにくいか）。

「彼ら（消防隊長）は10年以上にわたる実体験や仮想体験で蓄積してきたパターンの引き出しから、適切と思われる解決策を一つ選び出し、それをまず検討する。頭の中でシミュレーションをしてみて、直面する状況にうまく当てはまるかどうかを確かめる。うまくいきそうだとなったら、そのまま実行する。多少不具合があれば修正する。簡単な修正ではすまないとわかった場合には次善の候補を選び、それをまた同じ手順で検討する。適切な策が見つかるまでこれを繰り返す[*36]」

これには第3話でお話ししたシステム1とシステム2の両方が関わっています。シ

＊35　Kahneman, D., & Klein, G. [2009]. "Conditions for Intuitive Expertise: A Failure to Disagree", *American Psychologist*, 64(6), 515-526.
＊36　ダニエル・カーネマン［２０１４］（村井章子：訳）『ファスト&スロー』（早川書房）の日本語訳による。

ステム1は、ほぼ努力せずに自動的に高速で働く直感的な思考で、システム2は意識的な注意力や計画性を必要とする冷静で論理的な思考のことでした。カーネマンはエキスパートの意思決定について、最初の段階でシステム1によってまず試案が思い浮かび、次の段階でシステム2によってその試案がうまくいくかどうか頭の中で入念なシミュレーションを行うと説明し、ひらめきや直感は決して神秘的な衝動だけではないと言います。

また、カーネマンの盟友であるハーバート・サイモンも、まず状況がなんらかの手がかりを与え、その手がかりをもとにエキスパートは記憶に蓄積された知見から正しい答えを呼び出すと説きます。魔法のように見える直感は、専門家が積み重ねてきた経験から生まれた認識だというのがサイモンの考えです。

──専門家のひらめきや直感を信じてもいい条件

さて、サイモンが言うように「経験豊富な専門家が主張する直感」が専門的な知識や経験に裏付けられた個人の知見から呼び出されるものだとすると、そういう知見は専門家の頭の中にどのようにして保存されているのか、というテーマでカーネマンとクラインは再び議論を重ねます。わかりやすく言い換えれば、すぐれたひらめきや直感を下せる専門家とは一体どういうトレーニングを積んだ人なのかという論点です。しかし、この二人、なにしろ考え方の出発点が正反対です。クラインの調査対象は消防隊長や看護師といった「本物の専門知識を備えたプロフェッショナル」であるのに対して、バイアスの存在を前提とするカーネマンはファンドマネージャーや政治評論家など「根拠に乏しい長期予想を試みる人たち」を調査対象としてきました。

その結果、クラインは本当のエキスパートは自分たちの知識の限界をよく知っていると理解しており、一方のカーネマンはバイアスがかかるため専門家は根拠のない直感に過剰な自信を持ってしまうと主張します。まったく折り合うことのないこの二人が最終的に合意した原則は「自分の直感に対して抱く自信は、その妥当性の有効な指標とはなり得ない」というものでした。要するに、自分には直感的な能力が備わっていると考えている人の能力ほどあてにならないものはない、くらいのキビシイ結論です。そして、直感的な判断が本物の専門家の能力に裏付けられているとされる基本的な条件を導き出しました。

専門家が能力を習得する環境に次の二つの条件がともにそろっているとき、直感は能力として認められる可能性が高いというものです。[*37]

・十分に予見可能な規則性を備えた環境であること。
・長期間にわたる訓練を通じてそうした規則性を学ぶ機会があること。

たとえば、カーネマンはチェスのプレイヤーは規則性のある環境を備えた典型的な例だと言います。チェスのマスターになるまでには少なくとも1万時間（毎日5時間で約6年間）を練習に費やしているという研究結果があるのですが、チェスのプレイヤーは1万時間という長い時間と極度の集中力をかけて、攻撃と防御それぞれに関する秩序的な駒の組み合わせに習熟していくことになります。そこではおそらく何千何万もの規則的パターンを経験する必要があります。この過程でプレイヤーの頭の中に蓄積された知見が、ここぞという肝心なときに精度の高い直感的判断を引き出すことになるわけです。このように秩序的な規則性を訓練される専門家としては、消防士や看護師、医師、スポーツ選手などのエキスパートが例に挙がります。

それに対して、カーネマンの言うファンドマネージャーや政治評論家が長期予想をする状況は、予見可能な規則性を備えていないし、また、彼らの予想は長期的な訓練を通して習得された規則性を背景にしているわけではありません。カーネマンは、ファンドマネージャーや政治評論家は自分の仕事の一部について直感的なスキルを持ってはいるが、「直感に裏切られるような状況や直感が通じない分野を識別することは学習していない」と指摘します。そして、「専門的スキルの限界を認識していないことが、エキスパートがしばしば自信過剰になる一因だ」と言います（カギ括弧内はいずれもカーネマン［２０１４］による）。

結局、バイアスやヒューリスティックの存在について、クラインとカーネマンとの考え方は最後まで平行線をたどったものの、一定の条件のもとでは専門家のひらめきや直感が信頼できるとの結論に達しました。カーネマンが言及しているなかで興味深いことは、人間の学習は通常は効果的に行われるので、予測を可能にする手がかりが明確に存在する場合には、その機会さえ与えられれば、人間は手がかりを発見するはずだと主張するところです。このことは先に述べたパースのいう、人間は自然に関する正しい推論を導く先天的な性向が精神の中に備わっているという考え方と似ていま

＊37　既出のカーネマン［２０１４］による。

す。

――オールを握る勇気と情熱がもたらすもの

ひらめきや直感に関する科学の世界の研究を見てきましたが、1800年代後半に活躍したチャールズ・パースの主張も、その200年後の2002年にノーベル経済学賞を受賞したダニエル・カーネマンの考え方も、最終的にはひとつの似通った結論に行きつくことになります。つまり、ひらめきや直感というものは突如として神がもたらした幸運な偶然や魔法のようなものではなく、人間が本能的に段階を経て実現するものだという点です。そして、ひらめきや直感は、仮説を列挙する段階での経験や知識であったり、規則的で長期的な訓練が背景になっていて、必ずしもゼロからなんの根拠もなく引き出されるものではないということでした。これらの結論は、テクニカルスキルを地道に養成する段階を経なければヒューマンスキルは身につかず、ヒューマンスキルを鍛える段階を経なければコンセプチュアルスキルは実現しないと説いたカッツモデルの階層性に通じるところがあるようにも思います。

世の中を変える実践的なアイデアや実用に耐えうる独創的なアイデアは、天性のみではなく（そしてまた「若さ」でもなく）、学者にしろビジネスパーソンにしろ秩序だった専門性を持った人々が生み出す可能性をもっています。パースは、真理の方向へと導く、本来人間が持つ本能的な能力が作用すると考えましたし、あるいはカーネマンは長期にわたる日ごろの統制的な訓練が発揮されるとも考えました。

すぐれたひらめきや直感が天才科学者だけにもたらされる神がかったものではないとすれば、われわれにもなんらかの努力の方向性が見えてくるというものです。すぐれたひらめきや直感は少なくともオールを握った先にしか手にすることができません。つまり、目の前で起きている具体的な現象に対して「なぜそのようなことが起きるのか」という因果関係を探究し、自分の経験や知識として抽象化できる人、そういう蓄積を持つ人にのみ、あるとき舞い降りるべくして舞い降りるものなのかもしれません。

アインシュタインやニュートンの大発見ではないとしても、日ごろのビジネスにおけるひらめきも、あるいは危険を察知する直感も、結局のところ自分だけの「だからこうしよう」の駆動力がトルクに伝わって起きるものだと思います。オールを握る勇気と情熱が、秩序を失って見えている世界に作用して、これまでにない新たな形を作っていく、いわばゼロからなにものかを生み出すことになるのではないでしょうか。

エピローグ

こうして原稿を書き上げて改めて思うことなのですが、自分が投資銀行やコンサルティングファームというビジネスの真っただ中にいながら無性に勉強したいと思った理由は、結局のところ自分の仕事の背景にある理屈が欲しかったからです。

仕事はうまくいくこともうまくいかないこともありましたが、仕事にはそれなりのやりがいを感じていたし、なにより仕事に対するプライドもありました。つまり、経験とともに風を読む術はある程度のものを身につけ、風を受けるセールもそこそこのものを持っていました。しかし、仕事の巧拙ややりがいやプライドを左右している理論は一体なんなのか、根本からうまく説明したかったわけです。それは、いろいろなものが複雑にからみ合っている自分のビジネスを抽象化し、単純化し、いわば $y=ax+b$ という方程式で表してみたいという衝動でした。

衝動が高じてファイナンス学者になり、複雑な現実を $y=ax+b$ で説明できるようになったとき、その科学理論のエレガントさに酔いしれる一方、その限界に気づかざるを得ませんでした。逆にそこにはもっとさまざまに複雑な変数を加えないと現実が説明できないと感じたわけです。ただし、ここで大事なことは、そもそもy＝ax＋bの基礎理論がわかっていないとどう努力しても加えるべき変数を思いつくことはできないということです。そして、基礎理論を知ったうえでどこにどのような変数を加えるべきかを自分で考えるうちにオールを握るという表現にいたりました。

このエピローグでは、ビジネスを長く経験したファイナンス学者の立場として、むしろ理論をビジネスの現場で活かすことのむずかしさ、もう少し端的な言い方をすれば科学理論が現実の世界に安易に応用できない場面についてお話をし、われわれはどうすればいいいか、私なりの結論を述べてラップアップとします。

科学の理論を理論たらしめているもっとも重要なこと、言い換えるとビジネスの世界の法則ともっとも異なることなのですが、それはあらかじめ決められた条件のもとで成り立つ法則は、だれがやっても必ず成り立つことが保証されているという点にあります。特定のだれかがやればできるんだけど、他の人がやったらうまくいかないとか、気分が落ち込んでいるときはだめだけど、前向きな気持ちでやりさえすればできる、などということが一切ありません。だれにとっても、どんなときでも、どんなノリでも、必ずそうであると言わざるを得ないものが科学の法則です。これを再現可能性と呼んでいます。右辺のａｘ＋ｂを正しく行えば、必ずだれでもイコールで結ばれるｙを得ることができます。

ところが、科学といってもコーポレートファイナンスの理論や経営学の理論に限っては、ある企業で成功した理論だからといって、他の企業で同じことをやったとしてもうまくいくとは限りません。業種によって、あるいは企業が置かれた環境によって事情が異なるかもしれませんし、経営者の能力や従業員の努力は企業によって異なるかもしれません。自然科学に比べると社会科学分野の理論はその再現を妨げる変数があまりにも多いので科学性が低いと一般的には思われがちです。

しかし、実は自然科学の理論もそこは同じです。重量方程式の公式どおりに物体が落下している日常はほとんどありません。現実には風が吹いたり、雨が降ったり、方程式の再現を妨げる変数はいくらでもあります。化学の実験も実験のたびに器具を入念に洗浄して他の要因に邪魔されないよう再現しているはずです。きっと自然科学の分野では多くのかく乱要因と格闘しながら純粋な理論が作られているのだと思います。

つまり、科学における再現可能性が意味することは、社会科学の分野でも自然科学の分野でも科学の理論が一定の厳しい条件のもとでのみ成り立っているということです。本書の第2話で、科学は世の中で起きていることをわかりやすく説明すること、世の中に説明できる範囲を拡げることだというお話をしました。しかし、科学的に説明ができる現象というのは、あくまで一定の条件を満たしている限定された範囲を対象としたものであって、実際には一般論としてそのまま応用することが容易ではありません。その現象とはなんのことを言うのかを厳格に定義して、これこれこういう条件のもとであれば、その現象がなぜ、どのようにして起きたかを説明できるという性格のものです。あるいは、一定の条件を満たしていれば、Xを行った後にYが起きるということを証明しているにすぎません。

しかし、われわれは日常生活のなかで出くわした現象をいちいち厳格に定義したり、限定した範囲を設定したりなどしません。つまり、本当に人間が日常生活のなかで必要としているものに科学が答えられるかどうかはわかりません。明日東京23区に線状降水帯が発生することはおそらく科学的に説明できますが、私の家が浸水してこの原稿データが消失してしまうかどうかについて科学は答えることができません。家の周りに土嚢《どのう》を積むべきかどうかは自分自身で判断するしかありません。同様に、ROEが資本コストを上回れば株主価値が拡大することはファイナンス理論で説明できますが、あなたの会社の株価がそれによっていくらになるかは説明できません。

サイドストーリー④で東京証券取引所による「資本コストや株価を意識した経営の

実現に向けた対応について」という開示要請のお話をしましたが、ファイナンス理論の教科書に載っている残余利益モデルを使えば、ＲＯＥが資本コストを上回った分を株主価値と定義できるので、どのような企業もＲＯＥが資本コストを上回れば必ず株主価値は拡大します。残余利益モデルは数学理論ですから完全無欠の再現性が保証されています。

ただし、この法則が成立するためには、税金や取引手数料などあらゆるコストを考慮しない摩擦のない完全市場を想定し、すべての利益が配当されることを前提としています。その条件を満たしているのであれば、だれが経営者であろうと、どのような従業員が働いていようと、どのような事業を行おうと、ＲＯＥが資本コストを上回った分だけが間違いなく株主価値になります。しかし、現実の世界ではそうなっていません。この理論が前提としている厳しい条件が現実ではない限りそれぞれの企業がそれぞれに事情を持っています。いますぐ自己株取得をしてＲＯＥを改善しなければならない企業もあれば、そうしてはいけない企業もあります。資本コストとＲＯＥの関係を理解したうえで、自分の会社が具体的になにを優先すべきかは自分の会社で考えるしかありません。

われわれは「科学的に証明されている」と言われたことに対してあまりにも無批判に素直に受け容れ過ぎてはいないでしょうか。「科学的に証明されていることだから」という言い方でなにかを説得することは、ある意味で実は非常に危険です。

2011年3月11日に東京電力福島第一原子力発電所で起きた現象と今なお続いている事態は、科学的に証明されてきた「絶対に安全」の神話が崩壊したことを示しましたし、そこで報道されたニュース番組に登場した専門家と呼ばれる人たちの安易な解説は、一体どれほど正しかったのか、どれほどの役に立ったのか、ご経験のとおりです。COVID-19の対策においても「科学的な証明」ということが何度も言われ、われわれはただそこに身を任せていました。

科学によって問うことはできても、科学によって答えることができない問題領域が拡大しています。これはトランス・サイエンスと呼ばれ、米国の核物理学者アルベン・ワインバーグが1972年に提示した概念です。その考え方は、科学技術では取り扱えないような複雑性の高い問題を明確にして、社会や政治との領域を切り分けるということを意味しています。たとえば、地震予知による避難指示や地球環境問題への対策などは、科学者の知識は必要でも科学者だけでは実際にどうすべきか答えられない典型的なトランス・サイエンス問題です。

「科学的に正しい」と言った場合、それは行っていることが少なくとも科学理論と矛盾していないという程度の意味であって、仮にその理論の説明に使われている前提条件に変化が生じると、その理論では説明できない状況、いわば制御できない深刻な事態すら起きる可能性があることを示唆しています。だったら理論の前提を覆してしまうようなかく乱要因を取り除けばいいという話になるのですが、かく乱要因を取り除けば取り除くほど科学の理論は現実から乖離してしまい、単なる空論になってしまうというジレンマをはらんでいます。メディアが専門家の意見を聞きたがる気持ちはよくわかるのですが、先の応用生物学者の中屋敷先生は「テレビ番組でそういった視聴者の希望に応える役割を果たしている『科学者』を除けば、そんな分かりやすい回答をすることは、本来科学者には難し」く、「科学者として誠実であろうとすればするほど、科学の不確実性に言及しない訳にはいかなくなる」（中屋敷［2019］）と率直に述べます。激しく共感するところです。

科学はわれわれの生活を豊かにし、そこから生まれた理論はわれわれが進むべき方向性を示してくれます。手がかりのない暗闇の中で、あたかも一本のロウソクの火のようにあたりを照らし、どちらの方向に向かえばいいのかを指し示してくれるのが科学の理論です。ただし、あくまでロウソクの火に過ぎないので足元を照らすのが精一杯です。ずっと先になにがあるのか遠くを見渡せるほどの明るさではありません。しかも、科学は理論のみで考えた場合に正しいかどうか、論理として破綻がないかどうかだけの価値観しか純粋には持っていません。人として正しいかどうか、道徳的な善悪の価値観とはある意味でまったく無縁です。そういう理論をビジネスに応用してなにか意味のあることを行おうとすれば、それをすべきかどうかは人間の倫理観、ことの善悪に基づく判断も最終的には必要になります。

だから科学の思考法を学んで、科学がもたらすことを評価したうえで、最後は自分はどうすべきかについて自分自身が考えて決めていく必要があります。つまり、オールを握ってもしょせん最後は「意気と度胸と勘」の勝負です。「意気と度胸と勘」で勝負するということは、自分自身が考えて、自分自身で判断したら、あとは自分自身が行った結果をすべて引き受ける覚悟を意味します。

宗教は教典に書かれた記述を疑うことなくひたすら信じるだけです。だから信者です。しかし、科学はものごとに疑問を持つことからしか始まりません。ビジネスも同じだと私は思っています。科学の世界にもビジネスの世界にも、ただ黙って人の言いなりに身を任せておくべき真理、ただ黙って抵抗せずにセールを張っていればいつの間にか風が運んでくれる正しい場所などは存在しません。科学はわれわれが望む唯一の正しい答えをポロリとわれわれの手に渡してくれるわけではありません。だから目の前の現象を自分なりに真摯な態度で観察し、ひたすら自分で考え、判断したあとは勇気を奮ってオールを握るのみです。人類がそのように生きるため、われわれに考えるきっかけと判断するパワーを与えているのが科学です。それがビジネスの現場とファイナンス理論の両方の経験から私が学んだことです。世の中が一斉に同じ方向に向かって動いているときに、あえて異なる視点を提供することは学者として重要な使命のひとつであると私は考えています。

今すぐではなく、仮に今後少し時間がかかったとしても、もしこの本が何らかの形で読者のみなさんが本来持っている思考のパワーを引き出すきっかけとなれば、私としてはそれに勝る喜びはありません。

最後まで読んでいただきありがとうございました。

2025年2月

宮川壽夫

［著者］
宮川壽夫（みやがわ・ひさお）
大阪公立大学大学院経営学研究科・商学部 教授
博士（経営学）。筑波大学大学院博士後期課程修了。
1985年野村證券株式会社入社。2000年米国トムソンファイナンシャル・コンサルティンググループに移籍（アジア統括シニアディレクター）。2007年に再び野村證券株式会社に移籍（IBコンサルティング部上級専任職エグゼクティブディレクター）。2010年より大阪市立大学（現大阪公立大学）大学院に専任、同年准教授、2014年教授。2015年ワシントン大学（University of Washington）客員研究員、2020年一橋大学大学院客員研究員を兼任。上場企業の社外取締役・監査等委員を歴任。主な著書に『新解釈 コーポレートファイナンス理論「企業価値を拡大すべき」って本当ですか？』（2022年、ダイヤモンド社）、『企業価値の神秘 コーポレートファイナンス理論の思考回路』（2016年、中央経済社）、『配当政策とコーポレート・ガバナンス 株主所有権の限界』（2013年、中央経済社）。他論文、メディア向け論稿多数。

ファイナンス学者の思考法
——どこまで理屈で仕事ができるか？

2025年２月18日　第１刷発行

著　者——宮川壽夫
発行所——ダイヤモンド社
〒150-8409　東京都渋谷区神宮前6-12-17
https://www.diamond.co.jp/
電話／03･5778･7233（編集）　03･5778･7240（販売）
ブックデザイン—中ノ瀬祐馬
装丁イラスト—市村譲
図表作成——うちきば がんた(G体)
校正————小柳商店(加藤義廣)
製作進行——ダイヤモンド・グラフィック社
印刷————勇進印刷
製本————ブックアート
編集担当——森遥香、横田大樹

ISBN 978-4-478-12182-5